AF194223

Liebe Leserinnen und Leser,

was über das Jahr gesät, gehegt und gepflegt worden ist, das wird nun vielerorts als Ernte eingefahren – Lohn der Arbeit und Vorrat für karge Winterzeiten. So hat auch die DHG wieder etwas zur Reife gebracht, das den Vorrat der Mitglieder an Schöngeistigem bereichern soll: die neue Anthologie der Deutschen Haiku-Gesellschaft, die unter dem Titel „Die Sonne reifer Äpfel" im Sommer erschienen ist. Erfreulich waren die Reaktionen, die Redaktion und Vorstand erreicht haben, für die wir uns bedanken und die uns ermutigen, bald wieder neue Saat auszubringen.

Unterdessen ist über den Sommer bereits ein weiteres Werk der DHG hervorgesprossen und schon in die Welt entlassen: die „Haiku-Agenda 2022", der traditionelle Kalender der DHG, der mit jahreszeitlichen Haiku durch das nächste Jahr begleiten soll. Einige Früchte präsentieren wir schon in diesem Heft.

Nun also der Herbst. Interessanterweise die Jahreszeit, die wie keine andere zum Dichten einlädt. Denn tatsächlich gibt es in der deutschsprachigen Lyrik keine Jahreszeit, der so viele Gedichte gewidmet sind. Fleißige Germanisten haben das herausgefunden. Wir laden Sie in diesem Heft gerne ein, sich eigene Gedanken zum Herbst zu machen und in ein Haiku fließen zu lassen.

Und nun lesen und erleben Sie, welchen bunten Blätterstrauß wir in diesem Heft für Sie gebunden haben. Bleiben Sie gesund vor allem und achtsam, was der Herbst an Schönem ins rechte Licht setzt.

Septembertage
was vom Sommer blieb
nun steht´s in Reife

Ihr
Horst-Oliver Buchholz

3

Inhalt

Deutsche Haiku-Gesellschaft e. V.

 Die Deutsche Haiku-Gesellschaft e.V.[1] unterstützt die Förderung und Verbreitung deutschsprachiger Lyrik in traditionellen japanischen Gattungen (Haiku, Tanka, Haibun, Haiga und Kettendichtungen) sowie die Vermittlung japanischer Kultur. Sie organisiert den Kontakt der deutschsprachigen Haiku-Dichter untereinander und pflegt Beziehungen zu entsprechenden Gesellschaften in anderen Ländern. Der Vorstand unterstützt mehrere Arbeits- und Freundeskreise in Deutschland sowie Österreich, die wiederum Mitglieder verschiedener Regionen betreuen und weiterbilden.

[1]Mitglied der Federation of International Poetry Associations (assoziiertes Mitglied der UNESCO), der Haiku International Association, Tokio, Ehrenmitglied der Haiku Society of America, New York.

Anschrift	Deutsche Haiku-Gesellschaft e.V., z. Hd. Stefan Wolfschütz, Postfach 202548, 20218 Hamburg
Vorstand	
Info/DHG-Kontakt und Redaktion	Horst-Oliver Buchholz, horst-oliver.buchholz@dhg-vorstand.de
Redaktion	Eleonore Nickolay, eleonore.nickolay@dhg-vorstand.de
Kassenwartin	Petra Klingl, petra.klingl@dhg-vorstand.de
Website	Stefan Wolfschütz, stefan.wolfschuetz@dhg-vorstand.de
	Claudia Brefeld, claudia.brefeld@rub.de
Internationale Kontakte	Klaus-Dieter Wirth, kd.wirth@dhg-vorstand.de
	Peter Rudolf, peter.rudolf@dhg-vorstand.de
	Tony Böhle, tony.boehle@dhg-vorstand.de
Bankverbindung:	Landessparkasse zu Oldenburg, BLZ 280 501 00, Kto.-Nr. 070 450 085 (BIC: SLZODE22XXX, IBAN: DE97 2805 0100 0070 4500 85)

Bibliografische Information der Deutschen Nationalbibliothek:
Die Deutsche Nationalbibliothek verzeichnet diese Publikation
in der Deutschen Nationalbibliografie;
detaillierte bibliografische Daten sind im Internet über dnb.dnb.de abrufbar.

©2021 Deutsche Haiku-Gesellschaft
Herstellung und Verlag:
BoD – Books on Demand, Norderstedt
ISBN 978-3-754330-94-4

Ausgereift: die neue Anthologie der Deutschen Haiku-Gesellschaft

Über 400 Haiku aus fünf Jahren, dazu etwa 60 Tanka und Haibun, erdacht und gedichtet von 90 Poetinnen und Autoren: Mit „Die Sonne reifer Äpfel" hat die Deutsche Haiku-Gesellschaft eine Anthologie vorgelegt, die ein ebenso vielfältiges wie umfassendes Bild deutschsprachiger Haiku-Dichtung und verwandter Formen in der Gegenwart zeichnet. Ende Juni ist das Buch erschienen. Formal wie auch inhaltlich spannen die Texte einen weiten Bogen: von Traditionellem bis sehr Persönlichem, von Emotionen bis Zeitgeschehen.

DIE SONNE REIFER ÄPFEL
Eine Anthologie: Tanka – Haiku – Haibun

Das Buch versammelt Werke von 90 Autorinnen und Autoren der Deutschen Haiku-Gesellschaft, die in den letzten fünf Jahren entstanden sind. Es darf somit als eine aktuelle Bestandsaufnahme gelten von Haiku, Tanka und Haibun im deutschsprachigen Raum. Eine poetische Reise von japanischer Tradition zu europäischer Moderne oder auch: als eine Anthologie, gereift aus vielen Wurzeln und zur Blüte gebracht aus verwandtem Geist.

erster Frost
in Händen die Sonne
reifer Äpfel

(Horst-Oliver Buchholz)

Deutsche Haiku-Gesellschaft (Hrsg.)

Und groß war die Resonanz auf das Werk der DHG, vielfältig und durchaus erfreulich: „Schon beim Aufschlagen der Anthologie spürte ich die Sorgfalt eurer Arbeit. Ein Cover, das zum Betrachten einlädt, das angenehme Papier, das weich durch die Finger gleitet. ‚Welches Lied mag erklingen?' Ich werde darüber nachdenken!", schrieb Ute Kassebaum. Ein Dank kam auch vom Bodensee, ausgesprochen von Brigitte ten Brink: „Vielen Dank für das Zustandekommen dieser schönen Anthologie und ihr Ankommen bei den DHG-Mitgliedern. Eine gute Idee war es, auch Tanka und Haibun mit aufzunehmen. Die Vielzahl und die Bandbreite der abgedruckten Werke geben einen tiefen Einblick in die Szene […] Euer Einsatz hat sich gelohnt! Denn ich freue mich immer wieder aufs Neue, wenn ich das Buch in die Hand nehme und darin lese."

Die Macher der Anthologie freuen sich ihrerseits über die vielen positiven Nachrichten und bedanken sich bei all jenen, die das Buch mit ihren Werken erst möglich gemacht haben: bei den Mitgliedern der DHG!

„Die Sonne reifer Äpfel", Deutsche Haiku-Gesellschaft (Hrsg.), 156 Seiten, Norderstedt 2021, ISBN 978-3-7543-0448-8

Horst-Oliver Buchholz

Vermutlich durch einen technischen Fehler, genau lässt es sich nicht mehr ermitteln, sind während der Redaktion der Anthologie die Haiku von Elisabeth Kleineheismann verloren gegangen. Wir bedauern das sehr. Mit Einverständnis der Autorin dokumentieren wir hier gerne ihre fünf Haiku für die Anthologie.

goldenes Morgenlicht
Amselgesang begleitet
meine Meditation

Krötenwanderung
immer länger die Schlange
vor der Sparkasse

Herbstanfang
auf meiner Leinwand
steigern sich die Farben

kein Regen im April
ach, wie viele Haiku darüber
hätte ich gehabt

Start in den Urlaub
das Navi übernimmt
unser Gespräch

Eleonore Nickolay

Die Haiku-Agenda 2022

Es ist ein inzwischen gut einge-spieltes sechsköpfiges Team, das sich in den Sommermonaten um die Erstellung der beliebten Hai-ku-Agenda bemüht.

Die Juroren Horst-Oliver Buchholz, Petra Klingl und Klaus-Dieter Wirth konnten für die eingereichten 188 Haiku von 50 Autoren und Autorinnen und 7 Cover-Vorschläge von 4 Foto-grafen und Fotografinnen 1 bis 3 Punkte vergeben. Peter Rudolf nahm zuvor die Beiträge entge-gen und anonymisierte sie.

Dem Koordinator und den Juroren sei herzlich für ihre Ar-beit gedankt.

Das Schmetterlingsfoto von Claudia Brefeld erreichte mit 8 Punkten die höchste Punktzahl und schmückt damit unsere Haiku-Agenda 2022. Herz-lichen Glückwunsch an die Fotografin!

Die höchste Punktzahl 9 erreichten das Neujahr-Haiku von Peter Rudolf:

dein Lächeln
an diesem Morgen
nicht ein Jahr älter

und das Sommer-Haiku von Friedrich Winzer:

Sommerabend
der Springbrunnen füllt
unser Schweigen

8 Punkte gingen an das Weihnachts-Haiku von Deborah Karl-Brandt:

Stern von Bethlehem
In ihrer Erinnerung
sein Licht heller

sowie an das Sommer-Haiku von Eleonore Nickolay:

Strandtag
das Kind schaufelt ein Loch
für den Ozean

Folgende Haiku erreichten 7 Punkte:

Frühling	**Sommer**
Kuckuckrufe ich fange sie ein mit dem Smartphone Christa Beau	Verwilderter Weg. In den Espen flüstert der Sommer. Reinhard Dellbrügge
Frühlingsbrise die alte Dame sucht ihren Lippenstift Petra Fischer	das gelbe Summen der Kürbis-Blüten Sommerende Gérard Krebs

Herbst	**Winter**
Herbstmorgen	kiss-and-cry-zone
die L a n d s c h a f t	geglückter paarlauf
entzerrt sich	auf dünnem eis
Friedrich Winzer	Annika Carmen Schmidt

Weitere 11 Haiku erreichten 6 Punkte, 20 Haiku 5 Punkte und 37 Haiku 4 Punkte.

Für einen Platz auf einer der Kalenderwochenseiten wurde jeweils ein Haiku aus den Haiku mit der höchsten Punktezahl je Autor/-in ausgewählt. Mindestens 4 Punkte mussten dazu erreicht werden. Eleonore Nickolay nahm die Auswahl und Verteilung auf die Kalenderwochenseiten vor. Um alle 53 Kalenderwochen den Jahreszeiten entsprechend füllen zu können, griff sie auf 16 Haiku aus vorangegangenen Haiku-Auswahlen von SOMMERGRAS zurück.

Ein besonderer Dank gilt in diesem Jahr Ramona Linke für ihre Tuschezeichnungen, die weitere 16 Jahreszeiten-Haiku unserer DHG-Mitglieder zieren.

Somit sind in der neuen Agenda insgesamt 69 Autoren und Autorinnen vertreten. Allen sei herzlich gratuliert!

Ein herzliches Dankeschön auch an Stephanie Mattner (Satz) und Petra Klingl, die sich um die verlegerischen Belange kümmerte.

Der DHG-Vorstand wünscht viel Freude mit der neuen Haiku-Agenda. Sie ist ab sofort im Buchhandel erhältlich.

BoD – Books on Demand, Norderstedt 2022. ISBN: 978-3-7543-1874-4

KreAktiv

Die Reaktionen mancher Dichterinnen und Dichter machten es deutlich: Die Aufgabe war nicht eben leicht, von einer „besonderen Herausforderung" sprach einer der Einsender und gab damit den allgemeinen Tenor der Kommentare wieder. Die etwas knifflige Aufgabe war es gewesen, ein kontrastierendes Haiku zu dichten, in dem ein spanungsreicher oder auch subtil angelegter Gegensatz seinen Ausdruck findet. Uns haben 36 Haiku erreicht, was zeigt, dass die Herausforderung durchaus lebhaften Zuspruch fand. Den größten Zuspruch der Juroren fand nach sorgfältiger Auswahl schließlich ein Haiku von **Ruth Guggenmos-Walter**. Es lautet:

gefundene federn –
die wolken
berührt

Ein höchst offenes Haiku, so weit offen, dass es Rätsel aufgibt, oder sagen wir: unbestimmt bleibt, geheimnisvoll. Es ist sehr atmosphärisch, keine Frage, fein gesetzt, es kommt mit Wirkung auf uns zu. Die Federn, sie wurden am Boden gefunden, so dürfen wir annehmen. Die Wolken ziehen am Himmel. Dies mag der sehr subtil gesetzte Gegensatz sein. Zugleich sehen wir Gemeinsames, das den Gegensatz umschließt: die Leichtigkeit einer Feder und die scheinbare Schwerelosigkeit, mit der Wolken am Himmel ziehen. Die Feder, mit der sich ein Vogel zum Himmel aufgeschwungen hatte, den Wolken entgegen, hier zeigt sich eine weitere Verbindung. Die wird gleichfalls nicht ausgesprochen, sie erschließt sich erst im Nachhall der Zeilen; ein Nachhall, der Raum benötigt, auch Zeit. Das Haiku wirkt leicht, federleicht möchte man sagen, und so schwebt es durch den Raum, den es selbst erzeugt. Lassen wir es ziehen in der eigenen Weite und in eigner Weise. Angekommen im Herzen des Lesers ist es schon.

Kommentiert von Horst-Oliver Buchholz

Und hier dokumentieren wir weitere Haiku, die die Juroren für gelungen befunden haben.

Brief mit schwarzem Rand.
Während sie langsam öffnet
blühen Maiglöckchen
Eva Beylich

die Hand des Enkels
in meiner alten
so klein und warm
Brigitte ten Brink

Sonntagsmesse
die abwesenden Gebete
der Anwesenden
Maya Daneva

Saharahitze
das Lesebändchen schleicht sich
zum Winter-Haiku
Petra Fischer

Ampelstopp
die coole Fahrerin kaut
Fingernägel
Sigrid Mertens

Traueranzeige
ein Windstoß hüllt sie
in Blütenstaub
Ruth Karoline Mieger

Totensonntag
auf der alten Kommode
steht ein neues Bild
Tim Reichert

zenmeditation –
der grasmücke
morgenlied
Helga Stania

Einsamer Abend
vor einem Jahr noch
haben wir gelacht
Birgit Wendling

unverhofft
im hitzigen Streit
eisige Stille
Friedrich Winzer

Aufruf: Dichten Sie ein Haiku zu diesem Bild

Eine Herbstszene, menschenleer, doch verweisen Stühle und Laubbesen auf menschliche Gegenwart. Die Stühle, ein Zeichen von Verweilen und Ausruhen, der Besen, ein Sinnbild für Bewegung und Arbeit. Manches lässt sich erblicken in diesem Bild, nicht wahr? Was sehen Sie, welche Gedanken und Assoziationen setzt das Bild frei? Unsere Einladung: Schreiben Sie ein Haiku zum Bild, sodass wir ein Haiga daraus gestalten können. Das Haiga und eine Auswahl der eingereichten Haiku präsentieren wir im nächsten SOMMERGRAS. Alle Einsendungen, die es nicht in die Auswahl schaffen, veröffentlichen wir auf der Internetseite der DHG.

Bitte schicken Sie **ein** Haiku an
redaktion@sommergras.de
Stichwort: Haiku KreAktiv
Einsendeschluss: 15. Oktober 2021

Haiku-Kaleidoskop

Grundbausteine des Haiku (XLIV)
dargestellt an ausgewählten Beispielen

Formsprache
Teil 2

Das Einsetzen der Form zu besonderen Effekten hat, wie schon in einem
ersten Teil im SG 133 dargelegt, auch vor dem Haiku nicht Halt gemacht,
was umso erstaunlicher ist, als doch gerade dieses Genre mit Bezug auf
sein äußeres Erscheinungsbild als ausgesprochen gefestigt gilt. So kann
man eigentlich nur staunen, was am Ende alles für möglich gehalten wird.

butterfly lands	ein Schmetterling landet
on a wall of graffiti	auf einer Wand mit Graffiti
and blends	verschwindet darin
Andrew Detheridge (GB)	

Leider kann in diesem Beispiel nicht die bedeutsame Funktion der zu-
sätzlichen Identifizierung durch den Kreuzreim in der Übersetzung
eingefangen werden.

( )	( )
my life	mein Leben
without her	ohne sie
Thomas Dougherty (US)	

my footprints on sand	meine Trittspuren im Sand
another wave	noch eine Welle
another wave	noch eine Welle
Betty Drevniok (CA)	

prone on the bridge
our guide meaSures thE creek's dEpth
with his walking stick
  Michael Dudley (CA)

bäuchlings auf der Brücke
unser Führer misst die Bachtiefe
mit seinem Wanderstock

Hier ergibt sich, durch die eingefügten Großbuchstaben herausgestellt, nach und nach das Wort see (= sehen), um die Bedeutsamkeit der Maßnahme in dieser besonderen Situation abzusichern. Auch hier kann die Übersetzung dem nicht gerecht werden!

manoeuvring Mt.
Fuji and ourselves into
the same photograph
  Michael Fessler (US/JP)

zurechtrücken den
Fudschi und uns selbst ins
selbe Foto

waking blackbird
on a brok
        en bough
  LeRoy Gorman (CA)

aufwachende Amsel
auf einem gebroch
                enen Zweig

blank marble slab
IN LOVING MEMORY
blank spaces   wait
  Arch Haslett (CA)

blanke Marmorplatte
IN LIEBENDER
ERINNERUNG
leere Stellen   warten

Alzheimer's
she asks if she repeated
if she repeated
  John Hawkhead (GB)

Alzheimer
sie fragt, ob sie sich wiederholte
ob sie sich wiederholte

ripples	feine Wellen
the pond stars move	die Sterne im Teich bewegen sich
away, away	weiter weg weg
Jim Kacian (US)	

rook rook rook	Krähe Krähe Krähe
all along the fence	den ganzen Zaun entlang
one peck apart	einen Picker getrennt
David J. Kelly (GB)	

Rook heißt genauer »Saatkrähe«. Mit dieser speziellen Wortwahl statt des allgemeineren crow wird über die präzise Aufreihung der Vögel hinaus einmal mehr lautmalerisch auf sie aufmerksam gemacht.

starving children	verhungernde Kinder
…	…
switching channel	den TV-Kanal wechseln
Bill Kenney (US)	

the story	die Geschichte
in the embrace	in der Umarmung
of the story	der Geschichte
Kim Peter Kovac (US)	

after	nach
his stroke	seinem Schlaganfall
worlds	Welten
apart	getrennt
Patricia McKernon Runkle (US)	

high tide	Flut
walking in someone's footsteps	jemandes Fußspuren nachgehen
until they dis …	bis sie ver …
Bob Moyer (US)	

pines	Pinien
on the rocky shore	an der Felsenküste
i once had fa th	einst hatte ich noch meinen
Roland Packer (CA)	Glauben

Hier ist das i (= ich) dem faith (= Glauben, Gottvertrauen) buchstäblich
verloren gegangen!

a spark	ein Funke
falls to the ground	fällt zu Boden
darkens	erlischt
that's it	das war's
Alan Pizzarelli (US)	

sparks	Funken
from the fire	vom Feuer
crack open the dark	öffnen krachend die Dunkelheit
Ann Rawson (US)	

above the flood plain	über einer Flussaue
a double rainbow …	ein doppelter Regenbogen …
promises … promises	verspricht … verspricht
Ronald Rubin (GB)	

as the leash snaps	als die Leine einschnappt
taut	stramm
a man barks orders to his dog	bellt ein Mann seinem Hund
David Serjeant (GB)	Befehle zu

stuck in the slab	stecken geblieben in der Fliese
the i	das Auge
of the frozen f sh	des gefrorenen Fischs
David Steele (GB)	

Ein ähnlicher Fall wie der obige von Roland Packer: i (= ich) wird genauso ausgesprochen wie eye (= Auge), und nur so ist dieses besondere Wortspiel[1] über die Form möglich.

the hills release the summer clouds one by one by one John Wills (US)	die Hügel geben die Sommerwolken frei eine nach der anderen

Deux goélands mangent la même frite bien graaaasse – Frottement de becs Odile Bonneel (FR)	Zwei Möwen fressen dieselbe sehr feeeettte Fritte – Dann das Abwischen der Schnäbel

L'aile de la pie accroche Accroche un rayon de soleil Fin de l'hiver Maurice Coyaud (FR)	Der Flügel der Elster erfasst Erfasst einen Sonnenstrahl Winterende

sur l'horizon un paquebot glisse lon gue ment Danièle Duteil (FR)	am Horizont gleitet ein Fahrgastschiff dahin ganz lang sam

à droite puis à gauche – puis au milieu de la route … l'écureuil Jean Féron (FR)	rechts dann links – dann inmitten der Straße … das Eichhörnchen

---

[1]Vgl. Grundbaustein XXXIII

a swan	ein Schwan
swimming under	schwimmt unter
a swan	einem Schwan
Mirko Vidovič (HR)	

In akustischer Hinsicht ist die formsprachliche Annäherung, wenn sie nicht über die lautmalerische Schiene erfolgt[2], faktisch natürlich weniger auffällig.

Uguisu no   naku ya achimuki   kochiramuki

Ah! le rossignol	Ah! die Nachtigall
chantant de ce côté-là	mal singt sie drüben
de ce côté-ci[3]	dann wieder hier
YOSA BUSON (JP)	

nach dem Gong ong ng g	drückende Schwüle
die Rückkehr der Bronze	das Stakkato des Spechts
in den Guss der Stille	vereb.b..t...
Klaus-Dieter Wirth (DE)	Klaus-Dieter Wirth (DE)

... gagaga	… gagaga
…….. gagaganzen	…….. gagagänse
...gagaga	… gagaga
Guus van Osch (NL)	

after the echo	nach dem Echo
the echo's	des Echos
echo	Echo
Max Verhart (NL)	

---

[2]Vgl. Grundbaustein X
[3]Übersetzung von Jean Titus-Carmel

the sound of water das Geräusch von Wasser
on rocks ... the sound auf Felsen ... das Geräusch
of water on rocks von Wasser auf Felsen
    Allan Brown (CA)

bee buzz – Bienengesummse –
the sound of the business das Geräusch von Geschäftigkeit
of isness von -tigkeit
    Claudia Coutu Radmore (CA)

Die essentiellen, lautmalerischen Komponenten, die hier im Grunde genommen alles ausmachen, lassen sich wiederum übersetzerisch nur sehr unvollkommen wiedergeben.

sharp wind scharfer Wind
the metal gate bangs shut das Metalltor knallt zu
bangs shut knallt zu
    Jim Kacian (US)

mosquito she too Stechmücke auch sie
insisting insisting she insistiert insistiert sie
is is is is is sis sis sis sis sis
    Peter Yovu (US)

Wieder geht bei der Übersetzung Entscheidendes verloren. Zwar kann noch das andauernde, nervige Sirrgeräusch weitgehend angemessen nachgeahmt werden, nicht mehr jedoch die zusätzliche Tatsache, dass in der Verlaufsform (is) insisting (= beharren, nicht nachlassen) außerdem das Verb sting (= stechen) enthalten ist!

arrêt en gare
deux minutes! deux minutes! deux minutes!
annonce le mésange
    Michel Betting (FR)

        Bahnhofshalt
        zwei Minuten! zwei Minuten! zwei Minuten!
        kündigt die Meise an

ses premiers pas   ihre ersten Schrittchen
sur les doux gazons d'août   auf dem weichen Augustrasen
dou - dou - dou - dou   duh - duh - duh - duh
    André Duhaime (CA)

Auch bei diesem Beispiel greift die Übersetzung gezwungenermaßen zu kurz, da der zusätzliche, poetische Effekt, hervorgerufen durch die dreifache Klangmalerei mit der Polyphonie doux, d'août, dou, leider nicht vollständig übertragen werden kann.

pourquoi ce moustique
cherche-t-il ABzzzzzzzzzzzzOLUMENT
à piquer
    Philippe Quinta (FR)

        warum versucht
        diese Mücke ABsssssssssssssOLUT
        zu stechen

between the echos   zwischen den Echos
of our voices   unserer Stimmen

our voices   unsere Stimmen
    Helga Härle (DE/SE)

Eine weitere Einsatzmöglichkeit der Formsprache unterstreicht durch deutliche Verkürzung oder Verlängerung der Silbenzahl inhaltliche Besonderheiten.

Bashō nowaki shite   tarai ni ame o   kiku yo kana

plantain-shredding windstorm –
rain upon a washbasin board
all night long![4]

    Matsuo Bashō (JP)

            An der Bananenstaude rüttelt der Herbststurm –
            drinnen tropft's in den Zuber
            – zu hören die Nacht durch![5]

„Das Durchbrechen der Form im ersten Vers mit 8 Moren wird interpretiert als inneres Aufgewühltsein des allein in seiner schwachen Hütte ausharrenden Dichters."[6] Andererseits wäre der erste Vers leicht wieder auf 5 Moren zurückzuführen gewesen, wenn der Autor nur einfach das Eingangswort weggelassen hätte. Eigenwerbung?

kareeda ni   karasu no tomarikeri ... aki no kure

on a bare branch   auf einem kahlen Ast
a crow settled down   ließ sich eine Krähe nieder
autumn evening[7]   Herbstabend

    Matsuo Bashō (JP)

Auch hier hat Bashō die Überlänge (jiamari) sicherlich bewusst eingesetzt, denn in einer früheren Version, in Azuma nikki (Östliches Tagebuch 1681) benutzt er sogar einen Mittelvers mit 10 Moren (karasu no tomaritaru ya). Es kam ihm offensichtlich darauf an, durch die ungewöhnliche Form auf eine spezifische Situation aufmerksam zu machen – eine einsame Krähe, auf kahlem Ast, an einem Spätherbstabend –, eine Situation, die nämlich

---

[4]Übersetzung von Adam L. Kern
[5]Übersetzung und Kommentar von Eduard Klopfenstein und Masami Ono-Feller
[6]Haiku - Gedichte aus fünf Jahrhunderten, hrsg. v. E. Klopfenstein und M. Ono-Feller, Stuttgart (Reclam), S. 33, ISBN 978-3-15-011116-1.
[7]Übersetzung von Jane Reichhold

auf anrührende Weise letztlich das absolute Alleinsein aller Lebewesen symbolisiert. Außerdem wird dadurch die Krähe als solche umso mehr in den Vordergrund gerückt, hatte sie doch bislang im klassischen Waka überhaupt keine Rolle gespielt, Beleg für den neuen, »richtigen Stil«, wie ihn Bashō in die Wege leitete. Im Übrigen hätte auch hier der Mittelvers ohne echten Bedeutungsverlust leicht durch Weglassen des abschließenden keri auf sein Normalmaß von 7 Moren gekürzt werden können.[8]

seki ni kurushimu   yonaga no tomoshi   mame no gotoshi

Pain from coughing the long night's lamp flame small as a pea[9]	Hustenschmerz die Lampenflamme einer langen Nacht erbsenklein
Masaoka Shiki (JP)	

Hier symbolisieren die Überlängen von 7-7-6 Moren, noch betont durch den in japanischer Poesie ganz seltenen Reim, die sich für den bettlägrigen, lungenkranken Dichter nur quälend hinziehende Nacht.

ein Siebenpunkt quert eilig die Todesanzeige	über Tausenden von Sonnen bleich nur ein Mond
Klaus-Dieter Wirth (DE)	Klaus-Dieter Wirth (DE)

Het laatste licht donkert in een witte bloem.	Das letzte Licht dunkelt in einer weißen Blume.
Marcel Smets (BE)	

Schließlich kommt die Formsprache – allerdings fast ausschließlich in der westlichen Haiku-Welt – noch durch Annäherung an die konkrete Poesie

---

[8]Kern, Adam L.: *The Penguin Book of Haiku*, Penguin Random House UK 2018, S. 330 f., ISBN 978-0-140-42476-8
[9]Übersetzung von Janine Beichmann

zur Anwendung. Dabei wird die übliche, schriftbildliche Anordnung der Wörter aufgegeben und rein optisch neu gestaltet, um so der inhaltlichen Aussage zusätzlich Plastizität zu verleihen. Manches mutet eher spielerisch an, anderes regt zu weiterem Nachdenken an.

Tschüs?!   EIS***

Tochter: B*****

—   LUMEN

    Ralf Bröker (DE)   Mario Fitterer (DE)

Was spricht der Sand   Überseereise

— — — — — —   zurück bleibt der Schall

ins Schweigen der Wüste?   meiner Vergangenheit

    Bernhard Haupeltshofer (DE)   Dietmar Tauchner (AT)

Hier will der Autor durch die Rechtsbündigkeit wohl das Zurücklassen verdeutlichen.

a   eine

lark   Lerche

fades   versinkt

into   in

insect   Insekten-

hum   gesumm

summer   Sommer-

grasses   gräser

    John Barlow (GB)

Augenscheinlich eine Imitation des typischen, senkrechten Sinkflugs dieses Vogels.

Seniors menu –   Seniorenteller –

smaller portions,   kleinere Portionen

bigger print   größerer Druck

    Patricia Benedict (CA)

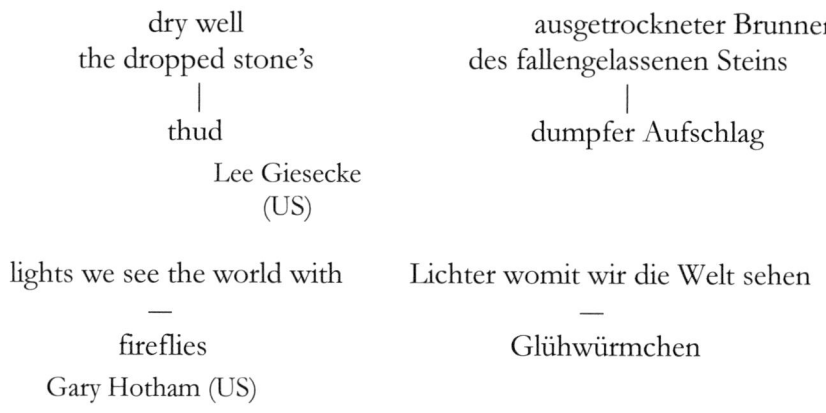

dry well	ausgetrockneter Brunnen
the dropped stone's	des fallengelassenen Steins
|	|
thud	dumpfer Aufschlag

Lee Giesecke
(US)

lights we see the world with	Lichter womit wir die Welt sehen
—	—
fireflies	Glühwürmchen

Gary Hotham (US)

Gary Hotham setzt besonders gerne den Gedankenstrich ein, sozusagen richtungsweisend dafür, dass manchmal das beste Wort letztlich eben gar kein Wort ist.

on this cold	in dieser kalten
spring 1	Frühlings- 1
2 night 3 4	2 nacht 3 4
kittens	Kätzchen
wet	nass

Marlene Mountain (US)

her sweet suggestion	ihr lieblicher Vorschlag
over a dry	bei einem trockenen
mar	Mar-
t	t
i	i
n	n
i	i

Marsh Muirhead (US)

Hier wird die Form eines Martini-Glases nachgezeichnet.

following the harrow   der Egge folgend
dark birds rising   fliegen dunkle Vögel auf
         settling   gehen wieder nieder
   Joseph Robello (US)

      ants ants ants ants ants   Ameisen Ameisen
ants ants ants ants ants ants ants   Ameisen Ameisen Ameisen
        ants ants ants ants ants   Ameisen Ameisen
    Gabriel Rosenstock (IE)

staring   nach vorne
ahead   starrende
O O   E U
  w   l
  l   e
     Helen J. Sherry (US)

Für die deutsche Übertragung lässt sich leider nicht der geringste Pfiff retten, da sich nur aus dem o des englischen Wortes owl (= Eule) die erforderlichen Augensymbole basteln lassen.

     left shuddering on the long   fröstelnd am langen Ast
               branch   l
                  l   etzte
               ast   Birne
              pear
   Guy Simser (CA)

          sky   Himmel
       cloudless   wolkenlos
         into   in ihm
       diving   taucht ein
        rising   steigt auf
         swan   Schwan
        black   schwarzer
   Alan J. Summers (GB)

old	altes
house	Haus
each	jede
stair	Stufe
its	ihr
own	eigenes
creak	Knarren

Nicholas Woodward (GB)

at	an
the	dem
deep	unteren
end	Ende
of	von
the	dem
sky	Himmel
prairie	Prärie

Chad Lee Robinson (US)

late night	in später Nacht
faucet	Wasserhahn
drips it	tropft sich
drips it	tropft sich
drips	tropft
it	sich
self	selbst
to ...	zu ...

Peter Yovu (US)

ploc	plock
ploc	plock
ploc	plock
ploc	plock
ploc	plock
Du robinet de l'évier	Vom Wasserhahn der Spüle
La fuite des heures	Die Flucht der Stunden

Michel Duflo (FR)

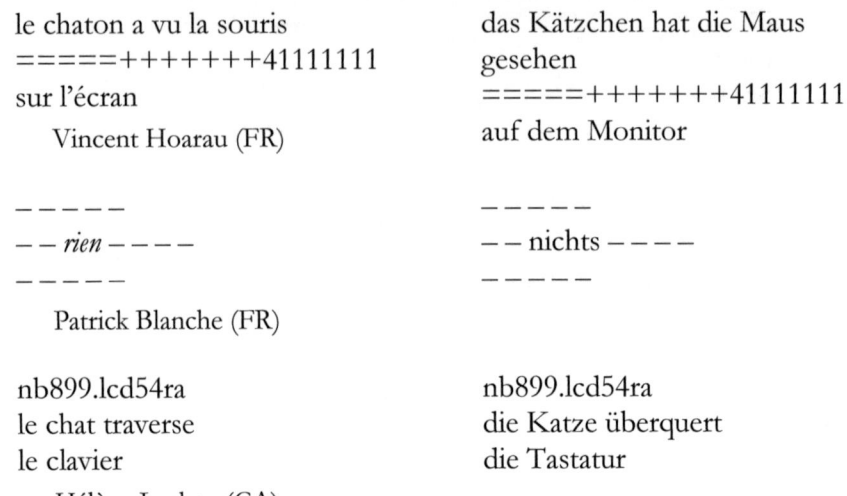

le chaton a vu la souris
=====+++++++41111111
sur l'écran
    Vincent Hoarau (FR)

das Kätzchen hat die Maus
gesehen
=====+++++++41111111
auf dem Monitor

– – – – –
– – *rien* – – – –
– – – – –

– – – – –
– – nichts – – – –
– – – – –

    Patrick Blanche (FR)

nb899.lcd54ra
le chat traverse
le clavier
    Hélène Leclerc (CA)

nb899.lcd54ra
die Katze überquert
die Tastatur

Diese Art von visuellen Haiku, im Englischen auch *eye-ku* (Augen-Haiku) genannt, ist der konkreten Poesie zuzuordnen, einer „Strömung der modernen Literatur, die bestrebt ist, aus Buchstaben, Silben und Wörtern, also »konkretem«, sprachlichen Material, von traditionellen Zusammenhängen losgelöste Aussagen zu formulieren. Vorformen finden sich schon im italienischen Futurismus und im Dadaismus. Die eigentliche konkrete Poesie entstand um 1950 und wurde von der Wiener Gruppe zum Programm erhoben."[10] Erste Haiku-Beispiele waren schon in der ersten „Canadian Haiku Anthology" 1979, herausgegeben von George Swede, enthalten. 2013 gab er unter dem Titel *embryo* sogar eine Sammlung nur mit *eye poems* heraus.[11] Daraus die folgende Kostprobe:

M ss ng
Thiiief

---

[10]Die Zeit – das Lexikon mit dem Besten aus der Zeit in 20 Bänden, Hamburg 2005, Band 8, S. 172, ISBN 3-411-17560-5.
[11]George Swede: *embryo*, Inspress, Box 309, Station P, Toronto, On M5S 2S8 <inspress-netwebs.com>, 2013, 60 S., ISBN 978-0-981179-2-1.

Wörtlich: „Fehlend – Dieb". Im Deutschen nicht nachkonstruierbar, denn die beiden fehlenden „i" von Missing hat sich der Thief buchstäblich einverleibt!

Erwähnt werden sollte noch die Sonderform des *cirku*, des kreisförmig angeordneten Haiku. Man liest es im Uhrzeigersinn, normalerweise beginnend bei der 1 Uhr-Zeigerstellung. Dennoch kann jede Lücke zum Anfang gemacht werden, was die Komposition eines solchen Haiku erheblich erschwert.

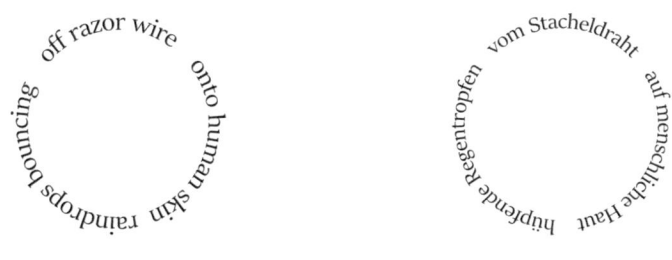

David Cobb (GB)

Puristen der konkreten Poesie bestehen darauf, dass ein konkretes Gedicht schon alles ist von dem, was da ist, das Ding selbst und sonst nichts. Sie bestehen jedoch ebenfalls darauf, dass konkrete Poesie niemals stellvertretend sein darf oder irgendeine inhaltliche Bedeutung enthält – es ist die Antithese von Dichtung als solcher, das wahre Antigedicht."[12]

Generell ist festzuhalten, je mehr man sich in solchen typografischen Experimenten auslebt, je mehr geht von dem Potenzial verloren, das ein wahres Haiku letztlich ausmacht, nämlich gedankliche Tiefe durch Assoziationsvielfalt. Jedenfalls ist die Gefahr groß, dass es formal bei bloßen Spielereien bleibt und inhaltlich bei bloßen Feststellungen[13].

---

[12]Nick Avis in: *Haiku Canada Review*, Bd. 8, Februar 2014, Nr. 1, S. 42.
[13]Vgl. Grundbaustein XI

Die französische Ecke
Eleonore Nickolay

Die 72. Ausgabe von Gong (Juli 2021) widmet sich einem Ereignis, das nicht stattfinden konnte. Monatelange Vorbereitungen gingen ihm voraus, dann kam Corona, und die Begegnung der *Association Francophone de Haïku* mit spanischen Haiku-Dichtenden in Coria del Rio im Herbst 2020 musste schweren Herzens abgesagt werden. Sich in dieser Kleinstadt Andalusiens zu treffen, war eine Idee der AFH-Mitglieder Isabel Asúnsolo und Eric Hellal. Beide waren nicht nur vom Charme des Städtchens angetan, das am Fluss Guadalquivir liegt, sondern ebenso von der Tatsache, dass über diesen Fluss die ersten Japaner am Anfang des 17. Jahrhunderts vom Atlantischen Ozean kommend den europäischen Kontinent erreichten. Die Statue des Samurai Hasekura Tsunenaga, der die damalige Delegation aus Sedai anführte, erinnert in Coria del Rio an jene Ankunft, die den Beginn einer dauerhaften Verbindung der Stadt mit Japan darstellt. Es ließen sich damals sechs Samurai der Gefolgschaft in Coria del Rio nieder. Der Familienname Japón, den an die 700 Einwohner von Coria del Rio heute tragen, zeugt von deren Verwandtschaft mit jenen Samurai. Sedai wurde Partnerstadt, und die Tsunami-Katastrophe von 2011 mit über 900 Opfern in Sedai erschütterte verständlicherweise die Einwohner von Coria del Rio ganz besonders. Eine Lesung zum Gedenken an die Opfer in der Stadtbibliothek war Anlass für den Bibliotheksleiter Fernando Platero, sich mit dem Haiku vertraut zu machen und bald auch selbst Haiku zu dichten. Seitdem organisiert er nicht nur jedes Jahr ein Kirschblütenfest, sondern auch einen Haiku-Wettbewerb.

Einige Seiten weiter in GONG lesen wir ein Interview, das Isabel mit Fernando führte. Er wurde gemeinsam mit dem Vorsitzenden der spanischen Haiku-Gesellschaft Mitorganisator der geplanten französisch-spanischen Begegnung. Etliche Workshops wurden vorbereitet, sogar AFH-Mitglieder aus Quebec wollten anreisen, eine Butoh-Tanzaufführung sollte stattfinden. Die Enttäuschung aller Beteiligten war groß, und wie Isabel in ihrem Editorial schreibt, wurde das Städtchen Coria del Rio für viele zu einem Sehnsuchtsort. So hat sie zum Thema „Begegnung in Coria del Rio"

Beiträge und Haibun von acht Autoren und Autorinnen zusammengestellt, die von Reisezielen und -erinnerungen erzählen. Die Themen des Haiku-Aufrufs lauteten entsprechend „Begegnung" und „An einem anderen Ort". Hier eine kleine Auswahl:

déconfinement
en terrasse la rencontre
de jeunes araignées
    Jean-Hughes CHUIX

Lock down – Ende
im Straßencafé treffen sich
junge Spinnen

murmure du vent –
la lune et la rivière
cheminent ensemble
    Andrée DAMETTI

Windgeflüster –
Mond und Fluss
wandeln gemeinsam

ses cheveux blancs
ébouriffés par le vent
les oies s'envolent
    Louise DANDENEAU

ihr weißes Haar
vom Winde zerzaust
die Gänse fliegen auf

Berges du Niger
Dans les filets des pêcheurs
Les remous du fleuve
    Patrick GILLET

Am Ufer des Niger
In den Fischernetzen
Wirbelt der Fluss

pique-nique sous un arbre
mon repas en tête à tête
avec une guêpe
    Nadine LÉON

Picknick unter einem Baum
mein Essen Tête- à-Tête
mit einer Wespe

zébrure de l'avion
le retour des hirondelles
dans la sous-pente
    Françoise MAURICE

Kondensstreifen
die Rückkehr der Schwalben
unter der Dachschräge

l'oreille
contre le ronron du chat
matin de tempête

Cristiane OURLIAC

das Ohr
ans Schnurren der Katze gelehnt
stürmischer Morgen

escale de nuit
dans le vent tiède
un parfum inconnu

Jacques QUACH

nächtlicher Zwischenstopp
im warmen Wind
ein unbekanntes Parfüm

Session Zoom
Toujours aussi beau
l'hortensia de mes parents

Sébastien REVON

Zoom-Konferenz
Immer noch genauso schön
die Hortensie meiner Eltern

Haiga: Christof Blumentrath

Moritz Wulf Lange

Die Anfänge des deutschsprachigen Haiku
Teil 3 – Die ersten deutschsprachigen Haiku (1)

Bisher haben wir gesehen, dass weder von Paul Ernst noch Alfred Mombert und Arno Holz Haiku geschrieben wurden. Welche Autoren haben nun, jedenfalls nach dem momentanen Kenntnisstand, tatsächlich zur frühesten deutschsprachigen Haiku-Dichtung beigetragen? Viele sind es nicht. Von Rainer Maria Rilke ist bekannt, dass er ab 1920 insgesamt drei Haiku in französischer und deutscher Sprache geschrieben hat.[1] Kennengelernt hat Rilke die japanische Kultur u. a. durch die Beschäftigung mit japanischer Kunst, durch Gespräche und durch Lektüre.[2] Rilkes einziges deutschsprachige[3] Haiku besteht aus drei Zeilen und geht vollkommen frei mit der Verslänge um:

HAÏ-KAÏ

Kleine Motten taumeln schauernd quer aus dem Buchs;
sie sterben heute abend und werden nie wissen,
daß es nicht Frühling war.[4]

Rilke schrieb dieses Haiku am 25. Dezember 1920 in einem Brief an Baladine Klossowska (alias „Merline"),[5] und zwar direkt als Eröffnung. Nach dem Datum folgt, ohne weitere Anrede, unmittelbar als Bezeichnung der Gedichtform das Wort ‚Haï-Kaï' – und, nach einem Doppelpunkt, ab der nächsten Zeile das Haiku selbst.[6] Veröffentlicht wurde es jedoch erst 1955 in den Sämtlichen Werken,[7] wenn man von der Züricher Ausgabe des

---

[1] Sommerkamp 1984, S. 38.
[2] Vgl. Wittbrodt 2005, S. 179–185, vgl. auch Sommerkamp 1984, S. 38.
[3] Vgl. dazu Wittbrodt 2005, S. 186 und Sommerkamp 1984, S. 38.
[4] Zitiert nach Rilke 1975, Bd. 3, S. 245.
[5] Vgl. Wittbrodt 2005, S. 185 und Rilke 1975, Bd. 4, S. 772.
[6] Rilke 1954, S. 148.
[7] Vgl. Wittbrodt 2005, S. 177.

Briefwechsels zwischen Rilke und Frau Klossowska ein Jahr früher absieht.[8] Damit gehört „Kleine Motten taumeln "zwar zu den ersten deutschsprachigen Original-Haiku, konnte jedoch unveröffentlicht zu seiner Zeit weiter keinen Einfluss auf die deutschsprachige Haiku-Literatur ausüben.

Ein anderer Autor, der sehr früh deutschsprachige Haiku schrieb, ist Hans Kanzius. Er hielt sich von 1912 bis 1920 in Japan auf und pflegte dort auch direkte Kontakte zu japanischen Haiku-Dichtern.[9] Nach Wittbrodt hat Kanzius als erster überhaupt deutschsprachige Haiku gedichtet;[10] dabei hat er versucht, auch die Form möglichst genau zu berücksichtigen und das Längenverhältnis von 5-7-5 japanischen Moren durch ein Längenverhältnis von 5-7-5 Silben ersetzt. Seine Haiku wurden jedoch, wie auch in Rilkes Fall, erst Jahrzehnte später veröffentlicht.[11]

Zwei Dichter, die zwischen den Kriegen nicht nur deutschsprachige Haiku schrieben, sondern auch publizierten, sind Franz Blei und Yvan Goll.[12] Franz Blei begegnete der japanischen Kultur in einer japanischen Kolonie in den USA und durch entsprechende Literatur.[13] 1925 publizierte Blei unter dem Titel ‚Das Hai-kai' im Rahmen einer Glosse zehn Gedichte;[14] hier zwei Beispiele:

Maria säugt das Christkind
Und hinter ihr, an einer Schnur,
Blähn sich im Wind die Windeln. [15]

Der Regen lacht auf mein Dach.
Der Regen weint an mein Fenster –
Gott! Was soll man glauben?[16]

---

[8]Vgl. Rilke 1976, Bd. 4, S. 772 und Rilke 1954. Rilke nannte Frau Klossowska „Merline".
[9]Kato 1986, S. 30, vgl. auch Buerschaper 1987, S. 95.
[10]Wittbrodt 2005, S. 134 f.
[11]Zwei Haiku von Kanzius sind abgedruckt in: Sakanishi u. a. 1979, S. 36 f.
[12]Vgl. Fussy 1983, S. 54f und Wittbrodt 2005, S. 135.
[13]Vgl. Wittbrodt 2005, S. 136 ff.
[14]Nach Wittbrodt 2005, S. 148.
[15]Zitiert nach Wittbrodt 2005, S. 148.
[16]Zitiert nach Sakanishi u.a. 1979, S. 40.

Wie bei Rilke ist auch in Bleis Haiku die Verslänge frei gestaltet. Was ist hier, außer der dreizeiligen Form, ein Haiku? Man ist versucht zu sagen: nicht viel. Zwei von Bleis Haiku sind 1979 in Sakanishis Anthologie aufgenommen worden; allerdings hat Wittbrodt herausgearbeitet, dass Blei die Haiku im Rahmen seiner Glosse mehr oder weniger als satirisches Mittel zum Zweck geschrieben hat.[17]

Ernsthafter als Franz Blei hat sich der Dichter Yvan Goll mit dem Haiku beschäftigt. Er lernte das Haiku offenbar über entsprechende Literatur kennen und publizierte zwischen den Weltkriegen zwei Haiku-Zyklen: „Zwölf Hai-kai's der Liebe"[18] (1926) sowie zehn Haiku unter dem Titel „Moderne Hai-Kais"[19] (1927); weitere 31 Haiku Golls (der Zyklus „Neue Hai-Kais" sowie eine weitere Sammlung von 19 Haiku)[20] blieben zu Lebzeiten unveröffentlicht.[21] In seiner Einführung zu „Zwölf Hai-Kai's der Liebe" erklärt er mit Worten, die von heute sein könnten, wie er auf das Haiku kam: „Mehr als je bedarf unser nervöses Temperament einer knappen Form: sonst langweilen wir uns."[22] Zwei seiner Haiku seien hier beispielshalber genannt:

Wir arbeiten zu Hunderten zusammen.
Wir lieben zu zweit.
Wir sterben jeder allein.[23]

Eine Amsel singt
In der Schwarzpappel:
Ein Herz schlägt in meinem Geripp.[24]

---

[17]Vgl. Wittbrodt 2005, S. 148–151.
[18]Goll 1996, Bd. I, S. 333 f.
[19]Goll 1996, Bd. I, S. 335 f; er schreibt den Plural mal mit, mal ohne Apostroph.
[20]Vgl. Goll 1996, Bd. I, S. 336–340.
[21]Wittbrodt 2005, S. 152, vgl. dazu auch Goll 1996, Bd. I, S. 393 f.
[22]Goll 1996, Bd. I, S. 333.
[23]Goll 1996, Bd. I, S. 333.
[24]Goll 1996, Bd. I, S. 334.

Auch hier liegt wieder, wie bei Franz Blei, eine Adaption der dreizeiligen Form ohne Überschrift vor, ebenfalls mit freiem Längenverhältnis der Zeilen. Jedoch haben seine Haiku noch ein weiteres Kennzeichen, das u. a. Wilhelm Bodmershof in einem Aufsatz nach dem Krieg auch bei manchen klassischen japanischen Haiku festgestellt hat:[25] die Verwendung von Gegenpolen. Die Pole bei Goll sind hier *Menge – Einzelner* bzw. *Natur – Mensch*, auch wenn er insgesamt in seinen Haiku unkonkretere Bilder als die japanischen Haiku-Dichter verwendet. Goll wird von Wittbrodt als seriöser Haiku-Autor eingeordnet[26] und dürfte, nach heutigem Stand, die ersten auf Deutsch geschriebenen Haiku mit ernsthaftem Anspruch publiziert haben. Neben Blei und Goll wurden noch andere Dichter der Zwischenkriegszeit von fernöstlicher Dichtung beeinflusst, verfassten jedoch selber keine Haiku. Zu ihnen zählt z. B. Klabund.[27]

Möglicherweise hat noch ein dritter Dichter vor Ende des Zweiten Weltkriegs deutschsprachige Haiku publiziert, jedenfalls aber geschrieben, und zwar Robert Joseph Koc.[28] Er war ein Wiener Lyriker, der sich 1939 eher zufällig sieben Wochen lang in Japan aufhielt[29] und dort diese Gedichtform schreiben lernte. Zwei Beispiele:

O Chrysantheme!
vor der ich Tee trinke nun
aus meiner Schale.[30]

Fährboote warten
im Nebel, doch niemand kommt.
Lang war der Regen.[31]

---

[25]Bodmershof, W., 1959, S. 28. Die amtliche Form dieses österreichischen Namens ist korrekt ohne das Adelsprädikat.
[26]Wittbrodt 2005, S. 151.
[27]Fussy 1983, S 54 f.
[28]Fussy 1983, S. 55; vgl. auch Sakanishi 1989, S. 39 f.
[29]Vgl. Sakanishi 1989, S. 39.
[30]Koc, zitiert nach Sakanishi 1989, S. 40.
[31]Koc, zitiert nach Kurz 1992, S. 25.

Hier begegnet uns nun, wie bei Kanzius, eine weit ausgearbeitete Form des deutschsprachigen Haiku: keine Überschrift, drei Zeilen, Längenverhältnis 5-7-5, in diesem Fall 5-7-5 Silben statt der japanischen Moren. Sakanishi zitiert aus Kocs Erinnerungen zu dessen Arbeitsweise: „Ich schrieb zunächst einen langen Text nieder und bearbeitete ihn dann solange, bis ich ihn auf die 5-7-5-Silben komprimiert hatte."[32] Nach Kato[33] und Miesen[34] publizierte Koc seine Gedichte 1939 – elf Haiku sollen es gewesen sein[35] –, nach Wittbrodt erst 1975.[36] In jedem Fall scheint das Haiku für Koc eher von untergeordneter Bedeutung gewesen zu sein; so ist z. B. in seiner 1947 in Wien veröffentlichten Gedichtsammlung kein einziges Haiku enthalten.[37]

Von den genannten Einzelfällen abgesehen, scheint unter Literaten eine deutschsprachige Haiku-Dichtung bis zum Kriegsende nicht existiert zu haben. Folgende Begebenheit, die sowohl bei Harder als auch bei Kato beschrieben wird, mag das unterstreichen. Im Jahr 1936 besuchte der in Japan sehr einflussreiche Haiku-Dichter Takahama Kyoshi, literarischer Erbe von Masaoka Shiki, im Rahmen einer Europareise auch Heidelberg und Berlin.[38] Statt aber, wie beispielsweise in Paris, literarische Kontakte zu pflegen,[39] absolvierte er in Berlin ein touristisches Programm, wie es heute noch üblich sein könnte: Olympiagelände, KaDeWe, Schloss Sanssouci in Potsdam.[40] Offenbar gab es in Deutschland, anders als in Frankreich,[41] keine Haiku-Dichter, mit denen ein Austausch hätte stattfinden können. Entsprechend wurde Takahama Kyoshi während seines Berlin-Aufenthalts ganz prosaisch von der dortigen Mitsubishi-Vertretung

---

[32]Sakanishi 1989, S. 39.
[33]Kato 1986, S. 24 f. Leider nennt er keine Quelle.
[34]Miesen 1991, S. 35.
[35]Miesen 1991, S. 35. Leider nennt Miesen keine Quelle.
[36]Nach Wittbrodt 2005, S. 134.
[37]Vgl. Koc 1947.
[38]Kato 1986, S. 23; Harder 2020, S. 146 f.
[39]Harder 2020, S. 145.
[40]Harder 2020, S. 147.
[41]Vgl. dazu Harder 2020, S. 145 f.

betreut.[42] Spuren in der hiesigen Haiku-Dichtung hinterließ sein Besuch jedenfalls nicht.

Zusammenfassend lässt sich festhalten: Vor dem Zweiten Weltkrieg wurden Haiku nur von ganz wenigen Lyrikern geschrieben, geschweige denn publiziert. Letzteres lässt sich für Franz Blei und Yvan Goll nachweisen. Eventuell kommt noch Robert Joseph Koc hinzu, wenn man das bei Kato und Miesen genannte Datum annimmt. Die Form war dreizeilig sowie überschrift- und reimlos, während die Zeilenlänge variierte. Kanzius und Koc, die das Haiku direkt in Japan kennengelernt hatten, übertrugen die Struktur von 5-7-5 Einheiten auf die drei Zeilen. Rilke, Blei und Goll, die das Haiku in Europa indirekt, über die Literatur, kennengelernt hatten, schrieben in freier Verslänge.

Daneben hatte das Haiku zwischen den Weltkriegen noch auf eine ganz andere Weise begonnen, in Deutschland Fuß zu fassen. Doch davon wird in der nächsten Folge die Rede sein.

Literatur:

– Bodmershof, Wilhelm: Studie über das Haiku. In: Wort in der Zeit. Österreichische Literatur-Zeitschrift. April 1959, Heft 4, S. 27–34.

– Buerschaper, Margret: Das deutsche Kurzgedicht in der Tradition japanischer Gedichtformen. Haiku, Senryu, Tanka, Renga. Göttingen: Graphikum, 1987.

– Fussy, Herbert: Zur Geschichte des deutschen Haiku. In: apropos 1/1983, S. 52–59. [Zuerst publiziert in: Podium; Heft 1, 1980.]

– Goll, Yvan: Die Lyrik. Bd. I–IV. Hg. und kommentiert von Barbara Glauert-Hesse im Auftrag der Fondation Yvan et Claire Goll, Saint-Dié-des-Vosges. Berlin: Argon, 1996.

---

[42]Harder 2020, S. 146f.

– Harder, Finn: Die Bewahrung des Haiku als Kunstform im Zwanzigsten Jahrhundert durch Takahama Kyoshi (1874–1959). Berlin: Lit Verlag, 2020. [= Bunka Wenhua. Tübinger Ostasiatische Forschungen, hg. v. Klaus Antoni, Viktoria Eschbach-Szabo, Robert Horres, Achim Mittag, Monika Schrimpf, Gunter Schubert, Hans Ulrich Vogel. Band 29.]

– Kato, Keiji: Deutsche Haiku. Ein kurzer Beitrag zur vergleichenden Literaturgeschichte. Japanisch/Deutsch. Deutsche Übersetzung von Junko Lampert, Überarbeitung von Takako von Zerssen und Marga Rosskothen. Tokyo: Nagata, 1986.

– Koc, Robert J.: Gedichte. Wien: Agathon, 1947.

– Kurz, Carl Heinz: Das kleine Buch der Haiku-Dichtung. 2. Aufl. Göttingen: Graphikum, 1992.

– Miesen, Conrad: Die historische Entwicklung des Haiku im deutschsprachigen Raum von den Anfängen bis 1945. In: Araki, Tadao (Hg.): Symposium zur Haiku- und Renku-Dichtung. 22. Juni 1991. Japanisches Kulturinstitut, Köln. Bericht. Köln: Japanisches Kulturinstitut, 1991.

– Rilke: Rainer Maria: Sämtliche Werke. Bd. 1–12. Herausgegeben vom Rilke-Archiv. In Verbindung mit Ruth Sieber-Rilke besorgt durch Ernst Zinn. Insel Werkausgabe. Die Insel Werkausgabe ist textidentisch mit der Ausgabe ‚Rainer Maria Rilke. Sämtliche Werke‘, Frankfurt/M. 1955–1966. Frankfurt/M.: Insel, 1975.

– Rilke, Rainer Maria et Merline: Correspondance 1920–1926. Red. Dieter Bassermann. Zürich: Niehans, 1954.

– Sakanishi, H./Fussy, H./Kubota, K./Yamakage, H.: Anthologie der deutschen Haiku. [Haiku und kurze biografische sowie Quellen-Angaben auf Deutsch, weiterer Text auf Japanisch.] Sapporo: Dairyman, im Jahr 54 der Showa-Zeit [= 1979].

– Sakanishi, Hachiro: Form und innere Spannung der Haiku-Dichtung. In: A-raki, Tadao (Hg.): Deutsche Essays zur Haiku-Poetik. Mit Illustrationen von Tsutomou Yoshikawa. O. O.: o. V., 1989, S. 37–53.

– Sommerkamp, Sabine: Der Einfluss des Haiku auf Imagismus und jüngere Moderne. Studien zur englischen und amerikanischen Lyrik. Dissertation. Hamburg: Universität, 1984.

– Sommerkamp, Sabine: Die deutschsprachige Haiku-Dichtung: Von den Anfängen bis zur Gegenwart. In: Araki, Tadao (Hg.): Deutsche Essays zur Haiku-Poetik. Mit Illustrationen von Tsutomou Yoshikawa. O. O.: o.V., 1989, S. 56–66.

– Wittbrodt, Andreas: Hototogisu ist keine Nachtigall. Traditionelle japanische Gedichtformen in der deutschsprachigen Lyrik (1849–1999). Göttingen: V&R unipress, 2005.

Foto: Christof Blumentrath, Haiku: Claudia Brefeld

Neue DHG-Mitglieder

Neue Mitglieder in der DHG
im ersten Halbjahr 2021 – alphabetisch zusammengestellt von Thomas
Opfermann

Folgende neue Mitglieder heißen wir herzlich willkommen und freuen uns,
sie mit zwei eigenen Texten an dieser Stelle vorstellen zu können:

Guido Bartz aus Lonnig/Rheinland-Pfalz

Nach der Hochzeitsnacht
auf den Laken feuchte Spur –
von Nachbars Katze

pfade gewunden
im roten kleid unterwegs
horizont flimmert

Stefanie Bucifal aus Konstanz/Baden-Württemberg

einsamer Sommer
ich erlerne die Sprache
der Vögel

Selfie
eine Frau
die ich nicht bin

Lothar Fietzek aus Berlin

Ein Haiku
drei Zeilen
stille Beredtheit

Ein Haiku
siebzehn Moren –
immer öfter – weniger

Claus-Detlef Großmann aus Königstein/Hessen

roter mond im glas
die barfrau
reicht dir 'ne rose dazu

am eisweiher 7
fischstumm ich
im klingelschildschwarm

Carola Kaltenegger aus Berlin

Heiß der Tee, glänzend!
Regentropfen aufgereiht
an Winterästen.

Drei Bienen emsig
in einer Krokusblüte.
So viel Besuch hier!

Erich Pfefferlen aus Horgau/Bayern

trinke die wahrheit
aus birkenstamm und grashalm
wald, ufer und see

erle dem bach nah
baum meiner kindheit im gras
heißt mich willkommen

Tim Reichert aus Hamburg

Bierschaum schliert am Glas
langsam Richtung Tisch
Die Stille bleibt

Dezemberkälte
friert den Kuss auf der Wange
noch ein wenig fest

Philipp Restetzki aus Görlitz/Sachsen

Im hohen Grase
Summen Stimmen und Summen
Sonnenanbeter!

Weites Sommerfeld
In den Ähren spiegeln sich
Die Morgenwolken

Peter Rohrbeck aus Gifhorn/Niedersachsen

Wasseramsel
im Rauschen verborgen
leises Piepsen

Mairegen
seht wie der Wurm an der
Amsel zieht

Lothar Siegel aus Rellingen/Schleswig-Holstein

Wartezimmer.
Stuhlbeine aus hellem Holz
träumen vom Wald.

Aus seinem Unglück
ist mir ein bequemer Sitz entstanden –
umgestürzter Baum

Rosemarie Steinriede aus Kiel/Schleswig-Holstein

in Sommerzeiten
die langen hellen Tage
kostbare Weite

die Sonne scheint
mit fingrigen Strahlen aufs Meer
versilbert – erglänzt

Peter Svensson aus Enskede/Schweden

Die Waldtaube singt.
Leise antwortet vom Meer
der Glühkopfmotor.

Im weißen Nebel
versteckt sich die Fanfare:
ein Grauer Kranich.

Christa Warawas-Brütt aus Kaarst/Nordrhein-Westfalen

Es tropft
die Zeit
in die Ewigkeit

Benefizveranstaltung
Gala-Dinner
der Hummer fährt aus der Haut

Johannes Weber aus Eupen/Belgien

die Bachstelze
fliegt auf am Schwarzenbach
Lichtsterne im Wasser

ein Windhauch
bewegt die Weißdornblüten …
Vogelstimmen

HaiQ

Von Claudia Brefeld und Thomas Opfermann.
Wir freuen uns auf Ihre Beiträge. Bitte an: haiq@haiku.de

Ein „visuelles" Haiku, dazu hatten wir Sie in der letzten SOMMERGRAS-
Ausgabe angeregt.
Ihre Einsendungen zeigen, wie unterschiedlich Sie den Begriff „visuell"
dabei interpretieren.

Tim Reichert nutzt die geschickte Positionierung einzelner Wörter bzw.
Zeilen, um entsprechende Assoziationen beim Leser hervorzurufen – eine
Stärke und damit Besonderheit des „visuellen" Haiku.

> Die Lichtung erhellt
> Durch den gerodeten Wald

> Es zieht.

Auch die Zeilenlänge lässt sich zur Betonung einzelner Aussagen des
Haiku einbeziehen, wie das folgende Haiku anschaulich zeigt:

> Des Nachbars Hecke –
> im letzten Jahr
> kürzer.

Gabriele Hartmann nähert sich dem „Visuellen" durch Verwendung von Zeichen des ASCII-Zeichensatzes. Bei dieser Zeichenkodierung handelt es sich um den „American Standard Code for Information Interchange". Neben Buchstaben enthält er in der Hauptsache weitere Elemente in Form von Sonderzeichen (z. B. !, §, $ usw.) und Ziffern[1]. Entsprechende Positionierung von Text und Grafik (hervorgerufen durch einzelne ASCII-Zeichen) bewirken zusätzliche Assoziationen beim Leser, die der Text alleine nicht auslösen könnte:

---

[1]Vgl. ASCII Tabelle | Übersicht aller ASCII-Zeichen und Codes, https://www.ionos.de/digit alguide/server/knowhow/ascii-american-standard-code-for-in formation-interchange/ [letzter Abruf: 29.07.2021].

Annika Carmen Schmidt weitet die Verwendung der ASCII-Zeichen aus. Die von ihr „ASCII-Art-Haiku" genannten Haiku ergänzen die Möglichkeiten, die unser Alphabet mit seinen Buchstaben bietet, um eine direkte Bildsprache, da sie mehrere ASCII-Zeichen zu jeweils einer in sich geschlossenen grafischen Darstellung kombiniert.

die leichte last /`
des anglers ><(((°>
schon eine astgabel trägt sie Y

In diesem Beispiel lassen sich durch die Kombination der einzelnen ASCII-Zeichen Angel, Fisch und Astgabel grafisch anschaulich darstellen.

Neben der jeweiligen Verwendung an jedem Zeilenende sind weitere Möglichkeiten der Positionierung möglich:

geneigte lesende
kippt den kopf
und skatet
o{-</:

Oder aber auch:

@)--}------
zehnter jahrestag
@)--}-----
ihr gesicht gezeichnet
@)--}-----
von rosigen zeiten
@)--}-----

Inwieweit in diesen Beispielen die visuellen Elemente eine „bloße" Veranschaulichung des bereits in Buchstaben gefassten Inhalts darstellen oder ob diese zusätzliche Aussagen bzw. Assoziationen beinhalten, ist sicherlich eine Frage der jeweiligen Leserbetrachtung. Wenn es sich dabei um eine „doppelte" Darstellung des Beobachteten handelt, dann wäre zu überlegen, ob nicht eine Aussage entfallen kann.

Im Falle des „visuellen" Haiku ersetzt dann die grafische (ASCII-)Darstellung den jeweiligen Text. Wie sollte formal mit solchen grafischen Elementen umgegangen werden? Zählt ein ASCII-Zeichen als Silbe? Oder sollen auch komplexe grafische Darstellungen, die aus mehreren ASCII-Zeichen bestehen, als eine Silbe gezählt werden?

Eine eindeutige Antwort können wir Ihnen an dieser Stelle nicht bieten; vielmehr möchten wir diese Frage als Einladung verstehen, Sie in diese Überlegungen einzubinden! Sehen Sie die Verwendung von ASCII-Zeichen als legitime Erweiterung des Haiku? Wenn ja, wie schätzen Sie die formale Berücksichtigung solcher Zeichen ein?

An dieser Stelle möchten wir auch **Renate Straetlings** Frage zu den modernen HaiQ-Gestaltungsmöglichkeiten aufgreifen:

„Ich bin sehr interessiert, mich irritiert jedoch der Silbenumfang bei Zahlwörtern, Abkürzungen und Formeln wie CO_2 u. ä. Wie bleibt man da im Rahmen des Siebzehnsilbers?"

Senden Sie uns gerne Ihre Gedanken, weitere Ideen und Beispiele, auf dass eine rege Diskussion angestoßen wird!

Zum Abschluss zwei Haiku von **Saskia Ishikawa-Franke**. Sie hat sich noch einmal den Neologismen, insbesondere den durch die Corona-Pandemie hervorgerufenen, gewidmet:

Ein Delta-Virus
feiert Geburtstag mit.
Neuer Lockdown.

Dem Kater gefällt
der weiche Schoß.
Telework

Schreiben Sie uns Ihre Rückmeldungen. Wir freuen uns auf Ihr Feedback, Ihre Anregungen, Fragen, Vorschläge, Lob, Kritik oder auch Themenwünsche.

Auswahlen

Die Haiku- und Tanka-Auswahl September 2021

Es wurden insgesamt 181 Haiku von 65 Autoren und 55 Tanka von 23 Autoren für diese Auswahl eingereicht. Einsendeschluss war der 15. Juli 2021. Diese Texte wurden vor Beginn der Auswahl von mir anonymisiert.

Jedes Mitglied der DHG hat die Möglichkeit, eine Einsendung zu benennen, die bei Nichtberücksichtigung durch die Jury auf einer eigenen Mitgliederseite veröffentlicht werden soll.

Eingereicht werden können **nur bisher unveröffentlichte Texte** (gilt auch für Veröffentlichungen in Blogs, Foren, einschließlich der Foren auf HALLO HAIKU, in sozialen Medien und Werkstätten etc.).

Bitte keine Simultan-Einsendungen!

Bitte **alle** Haiku/Tanka <u>unbedingt</u> **gesammelt in einem Vorgang** in das Online-Formular auf der DHG-Webseite HALLO HAIKU selbst eintragen:

https://haiku.de/haiku-und-tanka-auswahl-einreichen/

Ansonsten per Mail an: auswahlen@deutschehaikugesellschaft.de

Der nächste Einsendeschluss für die Haiku-/Tanka-Auswahl ist der 15. Oktober 2021.

Jeder Teilnehmer kann bis zu **sechs** Texte – **drei** Haiku und **drei** Tanka – einreichen.

Mit der Einsendung gibt der Autor/die Autorin das Einverständnis für eine mögliche Veröffentlichung in der DHG-Haiku-Agenda, auf http://www.zugetextet.com, sowie für eine mögliche Vorstellung auf der Website der Haiku International Association.

Haiku-Auswahl der HTA

Die Jury bestand aus Gregor Graf, Taiki Haijin und Dagmar Westphal. Die Mitglieder der Auswahlgruppe reichten keine eigenen Texte ein.

Alle ausgewählten Texte – 37 Haiku von 33 Autoren – werden in alphabetischer Reihenfolge der Autorennamen veröffentlicht. Es werden maximal zwei Haiku pro Autor aufgenommen.

„Ein Haiku, das mich besonders anspricht" – unter diesem Motto besteht für jedes Jurymitglied die Möglichkeit, bis zu drei Texte auszusuchen (noch anonymisiert), hier vorzustellen und zu kommentieren.

Da die Jury sich aus wechselnden Teilnehmern zusammensetzen soll, möchte ich an dieser Stelle ganz herzlich alle interessierten DHG-Mitglieder einladen, als Jurymitglied bei kommenden Auswahl-Runden mitzuwirken.

Peter Rudolf

„Ein Haiku, das mich besonders anspricht"

in alten Heften blätternd
sie sagt
es sei der Abendwind
Eva Limbach

Für mich ein wunderbares Senryu voller Poesie, ohne Makel!
Selber alt, sehe ich mich auf dem Dachboden in alten Heften blättern. Schulhefte, ein Zeugnis, Fleiß *genügend*, das Script *Chemie* mit vielen Unterstreichungen, ein Haushaltbuch *vier Brötchen 60 Rappen*, ein Fotoalbum, Tante Fanny als Mädchen, mein Vater als Student mit Zigarette im

Mundwinkel, die Mutter in Paris und ich, ein Knirps mit vielen Locken. Alles riecht muffig. Die Zeit blieb stehen. Irgendwann wird sich niemand mehr erinnern.

Meine Frau ruft: Du warst aber lange oben! – Es war der Abendwind.

Ausgesucht und kommentiert von Gregor Graf

immer wieder dreht
der Kleine die Sanduhr um,
bewundert die Zeit
Klaus-Dieter Wirth

Ein geglücktes Senryu, das mich unmittelbar anspricht. Da ist einmal das Kind, das mit der Eieruhr seiner Mutter selbstvergessen spielt, beobachtet, wie der feine Sand durch die Enge im Glas rieselt, hin und her, das Fließen der Zeit sieht. Die Zeit – wann hat sie angefangen, wann wird sie zu Ende sein? – Was Zeit ist, hat die Menschen seit jeher beschäftigt. Philosophen, Naturwissenschaftler, Künstler aller Sparten. Die Frage ist nicht einfach zu beantworten. Augustinus schrieb: „Wenn mich niemand danach fragt, so weiß ich es; will ich es einem Fragenden erklären, weiß ich es nicht." Newton meinte: „Zeit ist, und sie tickt gleichmäßig von Moment zu Moment." Um nur zwei weitere großartige Denker zu erwähnen, die sich mit dem Rätsel Zeit beschäftigten: Marcel Proust, „Auf der Suche nach der verlorenen Zeit" und Martin Heidegger mit „Sein und Zeit". Auch Einstein hat grundlegend zum Verständnis der Zeit als physikalische Größe beigetragen.

Und welche Rolle spielt die Zeit in meinem persönlichen Leben, in unserer Gesellschaft? – Zeit ist ein kostbares Gut. Ich kann Zeit haben und Zeit verschenken. Und im Sport, wo manchmal der Bruchteil einer Sekunde über den Sieg entscheidet? Wer kennt nicht das Bild vom Sensenmann mit dem Stundenglas in der Hand, das an unsere Vergänglichkeit erinnert? Und was habe ich in der Schule den Mädchen ins Poesiealbum geschrieben und eine große Sonne dazu gemalt?

Mach es wie die Sonnenuhr
zähl die heitern Stunden nur!

Eigentlich gar nicht so schlecht, der Ratschlag, oder?

Ausgesucht und kommentiert von Gregor Graf

Jubelschrei!
Die Berge jubeln
zurück!
Frank Dietrich

Vielleicht ist es ja meinem nahenden Urlaub geschuldet; der Sehnsucht danach, endlich wieder eine Reise zu unternehmen – aber dieses laute, fröhliche Haiku spricht mich an. Ich höre jemanden im Hochgefühl euphorisch jubeln … und das sogar mit Ausrufungszeichen. Ich nehme an, es ist ein entzückter Wanderer. Vielleicht aber auch ein Tourist, der an seinem ersten Urlaubstag in den Bergen oder auf einem grad erstiegenen Gipfel sein Glück hinausschreit. Und es jubelt ihm von den Bergen begeistert zurück. Das kann ein Echo sein, ein anderer Wanderer, Kinder vielleicht. Genau kann man das nicht wissen. Vielleicht hört der Schreihals auch gar keine Antwort, sondern fühlt nur inbrünstig, wie ihn die Berge erwartungsfroh einladen, sie zu erklimmen. Möglicherweise feiern sie ihn auch mit Ovationen für den Triumph des erfolgreichen Aufstiegs. Schon in der Bibel steht: „Ihr werdet voller Freude in die Freiheit hinausziehen und wohlbehütet euren Weg gehen. Berge und Hügel brechen in Jubel aus, und die Bäume am Weg klatschen in die Hände" (Jesaja 55,12).

Neben dem unmittelbaren Bild der lärmenden Freude über den Naturgenuss kommt mir außerdem noch das Sprichwort in den Sinn, wonach es aus dem Wald genauso hinausschallt, wie man hineinruft. Jemand, der so wie hier mit überschwänglicher Begeisterung auftritt, wird häufig auch griesgrämigste Gemüter leidenschaftlich mitreißen.

Und wer jetzt meint, ein Haiku müsste wehmütiger klingen und die Vergänglichkeit betonen, dem sei erwidert, dass leider auch der schönste Urlaub einmal zu Ende geht. Insofern klingt in diesem Jubelschrei auch die Flüchtigkeit allen Vergnügens mit. Gleichwohl werde ich mich nun selbst mit der Familie ausgelassen auf den Weg in die Chiemgauer Alpen machen – um dort tatsächlich ein wenig das Jubeln zu üben.

Ausgesucht und kommentiert von Taiki Haijin

Alter Teich im Park.
Das Geräusch beim Auftreffen
der Coladose.
  Moritz Wulf Lange

Was ist das? Eine verballhornte Kopie von Matsuo Bashōs Frosch-Haiku? Ziemlich frech, sowas.

Der alte Teich
Ein Frosch springt hinein –
das Geräusch des Wassers

So hatte Bashō mit seinen Freunden gedichtet. Ein intensives Bild der Natur. Ein Bild der Stille und der Einheit der Dinge. Ganz anders aber dieses Haiku. Ein städtischer Park, eine Kunstlandschaft – gegebenenfalls schon etwas verkommen. Jemand, der eine Getränkedose in den Teich wirft, und vielleicht schwimmt da auch schon mehr Müll herum. Offenbar ein Umweltschwein, das die bürgerliche Idylle stört. Und der Werfer trinkt Cola. Das passt! Immerhin sind nach einer US-Studie Jugendliche, die große Mengen zuckerhaltige Brause trinken, häufiger in gewalttätige Auseinandersetzungen verwickelt. Den Konsumenten ist also einiges zuzutrauen. Andererseits trinken einer anderen Studie gemäß Kinder und Jugendliche immer weniger Cola und andere Zuckerbomben. Damit muss jedenfalls offen bleiben, welcher Altersklasse der Sünder angehört.

Und wer – außer dem Leser des Haiku – hört nun das Geräusch, das die Dose bei ihrem Auftreffen auf der Wasseroberfläche macht? Der Werfer, der sich hieran erfreut? Seine Freunde, die das cool finden? Ein Beobachter, der sich über den Frevel ärgert? Ein Parkbesucher, der das ganz normal findet? Auch dies bleibt unklar. Sicher ist aber, dass man dieser Tage eher jemanden erwischt, der seinen Müll in die Gegend wirft, als dass man einen Frosch beim Bade beobachten kann. Von daher bietet dieses Haiku ein durchaus aktuelleres Bild als das Frosch-Haiku.

Wie auch der Teich bei Bashō ein Spiegel der Außenwelt ist, so verhält es sich mit diesem Parkgewässer. Was wir da zu sehen bekommen, mag uns freilich nicht gefallen. Und anders als Bashōs Frosch gehört die Coladose sicher nicht in den Teich. Doch gerade während Corona zeigt sich: Mehr Freizeit draußen bedeutet automatisch mehr Müll im öffentlichen Raum. Mit dem Geräusch des Aufpralls erkennen wir sowohl die Unsitten der Parkbesucher als auch gleichzeitig im Teich die Natur selbst. Womöglich tun wir dies, ohne den Werfer selbst gesehen zu haben. Jeder könnte es gewesen sein.

Forscher der Humboldt-Uni plädieren insofern dafür, zur Müllvermeidung auf sogenanntes „Nudging" zu setzen. Hierbei werden Menschen durch einen kleinen „Anstupser" ohne Zwang dazu gelenkt, sich vernünftig zu verhalten. Auch dieses Haiku kann gut als „Nudge" durchgehen. Weiterer Verdienst dieses Haiku ist zweifelsohne, dass es die Realität zum Gegenstand der Betrachtung macht. Viel zu viele Haiku enthalten romantisierende, gar kitschige Vorstellungen von Vorgängen, die so kaum erlebbar sind. Dass der Verfasser mit dieser Sitte bricht, macht mir sein Haiku sympathisch; hat er nicht auch mit der Coladose „die Wahrheit" gesagt!

Ausgesucht und kommentiert von Taiki Haijin

sie kehren zurück
und fangen den Birnbaum ein –
lärmende Spatzen
    Christof Blumentrath

Mittagspause auf der Liege im Schatten des Birnbaums. Die Luft flimmert, die Spatzen über mir im Gezweig sind sehr gesprächig, ihr Tschilpen ist kein Lärm für mich, eher meditative Musik, die mich wunderbar entspannt und so schläfrig macht, dass ich fest eindöse. Irgendwann wache ich auf, weil es so still ist. Wo sind sie geblieben, meine fröhlich quasselnden Überflieger, wer hat sie vertrieben? Nachbars Kater, der durchs Dickicht schleicht oder der kreisende Schatten hoch über uns? Lange muss ich nicht warten, auch wenn die Ursache ihrer Flucht rätselhaft bleibt. Aus dem Nirgendwo schwirren sie plötzlich heran und fangen den Birnbaum ein, die ersten mutigen auf den oberen Rängen, der Rest des Schwarms verteilt sich auf den unteren Etagen, und sie haben mir viel Neues zu erzählen – so viel, dass meine Augen wieder zufallen.

Ausgesucht und kommentiert von Dagmar Westphal

Chorprobe
Wind in den Vorhängen
geöffneter Fenster
    Michael Deisenrieder

Nach einem Jahr Pause das erste Treffen zur Chorprobe. Meine Vorfreude ist grenzenlos, kann es kaum erwarten, die anderen wiederzusehen und zu hören. Ich betrete den großen Saal. Es ist kalt, alle Fenster stehen weit offen. Ich fröstele, meine Jacke bleibt auf meinen Schultern. Ich schaue nach links: ein leerer Stuhl zwischen mir und meiner Nachbarin, auch der Stuhl rechts von mir bleibt leer. Meine Stimme klingt seltsam fremd in meinen Ohren, irrt einsam durch den Raum. Meine Hochstimmung sinkt, nimmt Abstand von der anfangs so freudigen Erwartung auf einen gemeinsamen fröhlichen Abend. Die Vorhänge in den offenen Fenstern wehen, meine Hände werden klamm, die Notenblätter zittern mit dem Stoff der Vorhänge. Niemand schließt das Fenster, die Aerosole fliegen ins Freie.

Ausgesucht und kommentiert von Dagmar Westphal

Der Kater kommt heim
auf seinem Fell
die warme Sonne
Jan Weck

Die Stunden schleichen durch die Nacht. Gewöhnlich kommt mein Kater nach seiner Pirsch irgendwann spätabends durch die Katzenklappe. Ich kann nicht schlafen, öffne die Tür, suche die Dunkelheit ab. Fern am Horizont kündigt sich schon die Morgendämmerung an. Von der Straße her Motorengeräusche, Bremsen quietschen. Ich rufe: „CATO! CATO!", klappere mit der Leckerli-Dose. Nichts – nur ein Nebelstreif und wieder gespenstische Stille.

Ich schleppe mich ins Haus, mache mir einen Kaffee, nicke im Sessel ein, wache auf, nicke ein … plötzlich das bekannte Geräusch, ich zucke zusammen: *klick-klack* … macht die Katzenklappe, sofort bin ich hellwach. Und dann das vertraute Schubbern an meinem Bein, meine Hand wird magisch angezogen vom sonnenwarmen Fell meines Katers. In welcher kuscheligen Mulde hat er geschlafen, bis ihn die Strahlen der Morgensonne weckten und heim zu mir schickten?

Kein Ende des Kraulens, der Herzschlag meines Lieblings lässt meine Fingerspitzen vibrieren. Sonne durchflutet das Haus.

Ausgesucht und kommentiert von Dagmar Westphal

Die Auswahl

Hitzewelle –
die endlose Stille
im Bachbett
Valeria Barouch

Blütenmeer im Park
langsamer
kann ich nicht gehen
Christa Beau

Fronleichnamsprozession
Vergissmeinnicht knien
am Wegesrand
Daniel Behrens

sie kehren zurück
und fangen den Birnbaum ein –
lärmende Spatzen
Christof Blumentrath

Chorprobe
Wind in den Vorhängen
geöffneter Fenster
Michael Deisenrieder

im Wörterbuch
nach der Tochterzelle
der Tod
Frank Dietrich

Blutmond
ich laufe barfuß
durch Kirschblütenschnee
Hildegard Dohrendorf

Zum Dorf und zurück …
ich grüße die gleiche Schnecke
zwanzig Zentimeter früher
Valeria Barouch

Schaufenster
inmitten der Puppen
ich
Christa Beau

fallende Blüten
vor lauter Bienenansturm
kein Tinnitus mehr
Eva Beylich

heißer Sommertag
ich höre das Konzert der Zikaden
über Amazon Alexa
Maya Daneva

Alte Fotos –
das Verblassen
der festgehaltenen Zeit
Reinhard Dellbrügge

Jubelschrei!
Die Berge jubeln
zurück!
Frank Dietrich

nebeltag
mische mich nicht ein
in die gespräche der steine
Bernadette Duncan

lauschen
wie du DU sagst
heckenrosenduft
Petra Fischer

Kastanienallee
unsere Schritte
zwischen Licht und Schatten
Ilse Jacobson

Kükenschreie
die Entenmama
taucht ab
Petra Klingl

leere Schwalbennester
das Schweigen
neu erfinden
Eva Limbach

Gurrende Tauben
der Bäcker in der Gasse
Morgens um halb neun
Maximilian Pohl

Blauer Märzabend.
Glasperlen, Silberfäden
im nackten Acker.
Johann Reichsthaler

Mitternachtsnebel –
die rotgrünen Augen
der Verkehrsampel
Dragan J. Ristić

ein mooskissen –
das holzbrett
der alten schaukel blüht …
Ruth Guggenmos-Walter

Erntedank
Zwei Spaten lehnen
an der Gartenmauer
Deborah Karl-Brandt

Alter Teich im Park.
Das Geräusch beim Auftreffen
der Coladose.
Moritz Wulf Lange

eine neue Schicht
Herbstlaub
immer noch trägt sie schwarz
Ruth Karoline Mieger

Domgewölbe –
angefüllt mit Gebeten
aus Jahrhunderten
Sabine Ptascheck

Der Sommer vergeht –
in dem nichtkommenden Brief
ist alles gesagt
Dragan J. Ristić

Nach Hause kommen
der Gesang der Amsel und
deine Umarmung
Peter Rohrbeck

Terrassenparty
Cocktails in bunten Gläsern
schnell schmilzt das Eis
> **Rita Rosen**

Gewitterregen –
Blütenblätter, durchsichtig
auf dem Asphalt
> **Marie-Luise Schulze Frenking**

mein Weg zum Kanal
auf dem Bürgersteig watschelt
ein Stockentenpaar
> **Ingrid Töbermann**

Sommerabend
das trockene Klicken
der Boulekugeln
> **Friedrich Winzer**

immer wieder dreht
der Kleine die Sanduhr um,
bewundert die Zeit
> **Klaus-Dieter Wirth**

Abenddämmerung
über feuchtem Grün
glühen Würmchen
> **Evelin Schmidt**

regennacht
ich höre die farbe
des bachs
> **Helga Stania**

der Kater kommt heim
auf seinem Fell
die warme Sonne
> **Jan Weck**

Die Morgenkühle
schleicht sich zum Fenster herein –
willkommener Gast
> **Birgit Wendling**

Tanka-Auswahl der HTA

Silvia Kempen

Kurzvorstellung von Martin Thomas

Glücklicherweise hat sich Martin Thomas bereit erklärt, an der Auswahl der Tanka mitzuwirken. Ich danke ihm, auch im Namen der DHG und der SOMMERGRAS-Redaktion, dafür ganz herzlich.

Martin ist im Jahr 1989 in Bautzen geboren. Er studierte in den Jahren 2008 bis 2017 Japanologie und Germanistik in Leipzig, Nagoya und Kyoto und ist seit 2017 Mitarbeiter der Japanologie der Universität zu Köln.

Den ersten Kontakt zur japanischen Kurzlyrik hatte er im Rahmen seines Studiums, den ersten Kontakt zur DHG im April 2009 über Georges Hartmann, der ihn mit einer Reihe alter SOMMERGRAS-Ausgaben versorgte. Martin nahm 2015 in Wiesbaden und 2019 in Traben-Trarbach an den Haiku-Treffen sowie den Mitgliederversammlungen teil. Dort lernte ich ihn kennen.

Er sagt von sich: „Selbst schreibe ich eher wenige Haiku und Tanka, sondern forsche lieber. Mein Interesse gilt insbesondere den politischen Dimensionen und den gesellschaftlichen Funktionen, welche die verschiedenen Formen der Kurzlyrik in Japan einnehmen."

Silvia Kempen und Martin Thomas wählten 6 Tanka von 5 Autoren aus. Es werden maximal zwei Tanka pro Autor aufgenommen.

„Ein Tanka, das mich besonders anspricht" – unter diesem Motto werden Texte vorgestellt und kommentiert.

Ein Tanka, das mich besonders anspricht

ganz ganz weit
muss man die Kerne spucken
sagst du
und guckst zu mir hinauf
von deinem Bobbycar
Christof Blumentrath

Dieses Gedicht hat mir binnen weniger Sekunden ein Lächeln auf die Lippen gezaubert. Unweigerlich musste ich daran denken, wie mir mein vierjähriger Neffe mit erhobenem Zeigefinger und weit geöffneten Augen bereits das ein oder andere Mal versucht hat, die Welt zu erklären, vornehmlich, wie ich mit seinen Matchbox-Autos zu spielen habe. Das vorliegende Tanka widmet sich augenscheinlich einem nicht weniger spannenden Zeitvertreib, und zwar dem Kirschkernweitspucken. Dabei besticht es insbesondere durch den stufenhaften Aufbau, der gleich einem Spannungsbogen von Zeile zu Zeile ein weiteres inhaltliches Detail offenbart.

Gleich zu Beginn wartet das Gedicht mit einer Wortwiederholung auf, die neugierig auf das Folgende macht und in dieser prominenten Position relativ untypisch ist. Dabei trifft die Doppelung von „ganz" exakt den kindlichen Ton, der mit Blick auf den übrigen Text intendiert zu sein scheint und das Gesamtbild stimmig untermalt. Nicht nur „weit", sondern „ganz ganz weit" sollen Kirschkerne gespuckt werden, wie die zweite Zeile verrät. Dass diese Unterweisung, die ebenso passend durch die Verwendung der deklinierten Form des Verbs „müssen" zum Ausdruck gebracht wird, von einer anderen Person ausgeht, erfahren die Leserinnen und Leser wiederum in Zeile drei. Doch erst in den letzten beiden wird aufgelöst, bei wem es sich um das zunächst noch anonyme „Du" handelt: ein Kind.

Die Qualität des Textes besteht nun darin, dass auch dieser letzte Sachverhalt nicht einfach plump nach außen posaunt, sondern elegant in eine Beschreibung verpackt wird, die mit dem Blick von unten nach oben des Kindes beginnt und in der räumlichen Verortung desselben auf einem Bobby-Car endet. Auf diese Weise regt das Gedicht die Fantasie der

Leserinnen und Leser nicht nur akustisch in Bezug auf das gesprochene Wort, sondern auch visuell in Bezug auf die agierenden Personen und deren Standort an. Hinzu kommt der haptische Moment, wenn man sich dabei ertappt, wie man beim Gedanken daran, wie man selbst zuletzt einen Kirschkern (weit)gespuckt hat, unwillentlich den Mund spitzt und über die beste Technik zu sinnieren beginnt.

Da die Kirschernte vor allem in die Monate Juni und Juli fällt, versprüht das Gedicht insgesamt ein wirklich sommerliches Flair. Darüber hinaus strahlt es aufgrund seiner Thematik eine gewisse Leichtigkeit aus, die man in den letzten Monaten infolge der Corona-Pandemie leider viel zu oft hat vermissen müssen. Es ist ein modernes Tanka, dessen Sinnebenen zwar nah beieinander liegen, dessen Form und sprachliche Gestaltung jedoch keinen Zweifel an der Gattungszugehörigkeit lassen. Mich persönlich hat es besonders angesprochen, da es vermochte, in knappen Worten einen ganzen Kurzfilm vor meinem inneren Auge ablaufen zu lassen. Appetit auf Kirschen (mit einem Hintergedanken) hat es mir außerdem gemacht.

Ausgesucht und kommentiert von Martin Thomas

Die Auswahl

Den Teppichhändler
wähnte ich schon im Jenseits
so alt schien er damals
selig lächelnd schiebt er nun
seine Enkel durchs Diesseits
Valeria Barouch

ganz ganz weit
muss man die Kerne spucken
sagst du
und guckst zu mir hinauf
von deinem Bobbycar
Christof Blumentrath

Hand in Hand
mit kleinen Schritten durchs Laub
sie zwinkert ihm zu
und lächelt – der Himmel
muss warten
Christof Blumentrath

ein christbaum-gerippe
von den kindern
in ihr versteck geschleppt –
im august
leise weihnachtsmelodien …
Ruth Guggenmos-Walter

61

einsame Waldlichtung
ein Ort mit Potential
für magische Momente
sie zaubert ihr Strickzeug
aus dem Picknickkorb

Wolfgang Rödig

Du hast meinen wunden Punkt
genau getroffen –
ohne nachzudenken
drücke ich zielsicher auf
deinen roten Knopf …

Birgit Wendling

Sonderbeitrag von René Possél

René Possél hat aus den anonymisierten Einsendungen ein Haiku ausgesucht, das ihn besonders anspricht.

Hitzewelle –
die endlose Stille
im Bachbett

Valeria Barouch

Ein Haiku über die Auswirkungen der letzten Wetter-Kapriolen. Das Wort der ersten Zeile „Hitzewelle" beschwört ein Phänomen, das wir noch im Juni erleben konnten: Anhaltende extreme Wärme-Hitze! „Die endlose Stille" der zweiten Zeile bereitet vor, was die dritte Zeile mit „im Bachbett" vollendet. Unausgesprochen, aber überdeutlich offenbart die Stille im Bachbett das Fehlen von Wasser aufgrund der Hitzewelle. Sehr schön, wie hier das vom Wasser genommene Bild der Hitze-„Welle" indirekt bei den fehlenden Wasser-„wellen" im Bachbett präsent ist! Phonetisch haben auch „Welle" und „Stille" etwas Gemeinsames. Letztere erscheint wegen der anhaltenden Dauer wie „endlos". Ein gutes, in seinen Bildern überzeugendes Haiku zu einem Thema, das wie kein anderes im Augenblick die Menschen beunruhigt: der Klimawandel.

Persönliches Nachwort:
Ich bin an dieser Stelle wegen eines Korrekturvorschlags für ein Haiku

schon kritisiert worden. Daher in meinem Nachwort ein Punkt, den <u>ich</u> anders machen würde. Das Wort „endlos" ist zwar eine oft gebrauchte Vokabel, die aber nicht beschreibt, was wirklich „end-los" <u>ist</u>, sondern das, was uns „endlos" <u>erscheint</u> (wie z. B. der Horizont oder das Warten oder hier die Stille). „Endlos erscheinend" ist aber für ein Haiku kein richtig guter Ausdruck, weil er zu umständlich ist. Mir erschiene hier passender: „anhaltende oder andauernde oder lang während Stille". Aber noch mal: Das ist <u>mein Problem</u> der sprachlichen Genauigkeit.

decrescendo die nacht übernimmt das land

Haiga: Christof Blumentrath

Mitgliederseite

Jedes Mitglied der DHG hat die Möglichkeit, eine Einsendung zu benennen, die bei Nichtberücksichtigung durch die Jury der Haiku- und Tanka-Auswahl auf dieser Mitgliederseite veröffentlicht werden soll.

wie Laub
fällt Jahr
über Jahr

Ellen Althaus-Rojas

Sie lauern lüstern
auf das Ende des Sommers:
Coronaviren.

Thomas Berger

regennasse Rose
er dankt irgendwem
für diesen Tag

Martin Berner

Weiß –
die Zartheit eines Blütenblatts
das fällt

Stefanie Bucifal

die weiße Rose
Colin Kaepernicks – hinknien
mit Geschwistern

Michael Deisenrieder

Mittsommernacht
mein Garten
voll mit rotem Mohn

Hildegard Dohrendorf

zärtlicher abend
dass der wind
mir über die wange noch will

Claus-Detlef Großmann

auf sepiawegen
an orte gehen –
zeitversunken …

Ruth Guggenmos-Walter

*wasch´ deine Schale**
gleichförmig tönt
die Küchenmaschine

*Mumonkan Nr. 7, 13. Jhd.
Claus Hansson

wir trinken
aus einer Tasse
Abendlicht

Gabriele Hartmann

„opa, eine maus!"
erste enkel-ironie
nashorn, du bist raus

Bernhard Haupeltshofer

FSJ
auf dem Bahnsteig
eilen die Sorgen

Birgit Heid

schlaflos
am Fenster Sterne zählen
im See
Kerstin Hirsch

kurz nach elf
langsam erstirbt
der Glockenton
Silvia Kempen

Wenn der Frühling kommt:
Küss mich am Gartentürchen!
Ach, wäre das schön!
Johann Reichsthaler

Beginn des Konzerts –
eine Stimme in dem Chor
zögert ein bisschen
Dragan J. Ristić

Jenseits des Limes
fühlt sie sich wirklich erst jetzt
beim ersten Schluck
Tütencappuccino mit Amarettozucker,
die Kommilitonin aus Sizilien.
Michael Rasmus Schernikau

urban exploring
das alte krankenhaus
liegt unheilbar da
Annika Carmen Schmidt

geplatzte pläne –
die lieder
der gartengrasmücke
Helga Stania

Im japanischen
Garten spaziert ein Wiesel.
Zoom-Meeting-Freude.
Saskia Ishikawa-Franke

Kartoffeläcker
ausgedörrt – Kurzregen
Unkräuter – Samen
Hildegard Korsten

Zwischen den Zweigen
Beinah vollendet zum Kreis
Hängt der Mond im Baum
Philipp Restetzki

Knorrige Eiche
der Dürre noch entronnen
spürst du den Herbstwind?
Peter Rohrbeck

Wellen und Wogen
lauer Wind streift
das grüne Ährenfeld
Evelin Schmidt

Altes und Neues
drängt in moderne Zeiten
Kampf mit dem Drachen
Romy Steinriede

Netze der Fischer
vorm Krug am Haff der Ostsee
in Seegraslandschaft
Fische – sauer eingelegt –
nach Omas Rezept.
Christa Wächtler

Foto: Paul Bernhard, Haiku: Claudia Brefeld

Die Auswahl der folgenden Texte ebenso wie alle in dieser Ausgabe abgedruckten Haiga erfolgte durch Horst-Oliver Buchholz, Eleonore Nickolay, Claudia Brefeld und Thomas Opfermann. Für die Unterstützung als Gastjurorin bedanken wir uns dieses Mal bei Birgit Heid.
Bei eigenen Einreichungen enthalten sich die Redaktionsmitglieder ihrer Stimme, Diskussion und Wertung.

Gerne verstärken wir unsere Jury in jeder Ausgabe um eine wechselnde Gaststimme. Wir laden alle DHG-Mitglieder ein, sich hierzu bei der Redaktion unter

redaktion@deutschehaikugesellschaft.de zu melden!
Bei allen Beiträgen (inklusive Haiga) bitte keine Simultaneinsendungen.

Haibun

Christof Blumentrath

SCHLAFLOS IN SEATTLE

Bahnhofslärm, durcheinander hastende Menschen, immer wieder Durchsagen, die niemand versteht. Ich warte auf den ICE und zerkaue ein Croissant.

Und dann steht sie dort.

Mit den Unterarmen stützt sie sich auf den ausgefahrenen Bügel ihres Rollkoffers. Sie trägt diese Meg Ryan-Frisur und fixiert mich aus großen blauen Augen, ihr Blick lässt mich nicht mehr los.
Nein, sie erkennt mich nicht.
Immer wieder schaut sie auf ihre Armbanduhr. Und dann wieder mich an.
Nein, ich bin nicht Tom Hanks.

Ankunft Abfahrt in meinem Rücken die Anzeigentafel

Birgit Heid

Grenzüberschreitung

Ausflug mit guten und alten Bekannten. Beim Aussteigen fällt eine meiner Begleiterinnen über eine Bordsteinkante und schlägt sich den Kopf an der Mauer blutig. Sie redet etwas wirr. Ihre Schwägerin will sie nach Hause fahren. Dort ist sie nach einigen Tagen nicht erreichbar. Von der Schwägerin kenne ich nur den Vornamen.

Tageskarte
was hatten Sie zuletzt
gegessen?

Aus dem Nest hinter der Dachrinne fiel ein Küken auf den Boden. Obwohl es noch lebt, laufen bereits die Ameisen darüber. Ich rufe meine Nachbarin, sie möge ihre lange Leiter mitbringen. Behutsam legt sie das Küken ins Nest zurück. Ich erzähle ihr von der Verletzung meiner Freundin und von deren Schwägerin. Die kenne ich zufälligerweise, sagt sie, ich rufe sie sofort an.

Brieftaubenflug
sie pendelt zwischen Startrampe
und Namenslisten

Endlich erfahre ich, dass meine liebe Bekannte morgen aus der Klinik entlassen wird. Weil in ihrem Haus der Aufzug repariert wird, wohnt sie in den nächsten Wochen bei ihrer Tochter.

sie muss nichts wissen
von meiner Blasenschwäche
ich komm' schon zurecht

Peter Rudolf

Sommerkino im Ersten

Der erste Ferientag meiner Frau. Sie verbringt ihren ersten Abend im Unterengadin. Ende der Woche werde ich ihr folgen für vier gemeinsame Wandertage.

Heute Abend bin ich darum allein vor dem Fernseher nach den Nachrichten. Ich schaue den Sommerkinofilm „Trautmann". Nach Filmende meine SMS an die Frau: „Hast du Trautmann geschaut?" Ihre Antwort erfolgt früh am anderen Morgen: „Ja."

Ich bin gespannt, was sie sagen wird zum Film. Mich beschäftigt er aus einem bestimmten Grund:

> Über das Leiden
> an der verpassten Chance,
> ein Gutes zu tun.

Birgit Heid

Sommervormittag

Im morgendlichen Strandbad bespricht ein Damensitzkreis die Grausamkeiten von Grimms Märchen. Ich sitze auf der Wiese, die Beine leicht angewinkelt, die Füße völlig entspannt. Plötzlich sehe ich ein Pulsieren an der Innenseite des linken Fußes. Als würde er atmen.

> sie spricht von
> Erscheinungen in ihrem
> neuen Buch

Auf der Liegewiese streitet der zornige kleine Sohn mit seiner Mutter. Sie habe ihn schmutzig gemacht und nun solle sie den Dreck zurückbekommen. Sie droht mit Heimfahren. Ihre Reaktion finde ich übertrieben. Ich hätte ihn ernst genommen, mir seine Schmutzstellen zeigen lassen und sie – falls erforderlich – gesäubert. Als ich wieder an ihrer Decke vorbeikomme, ist der Streit beendet.

kleine Wellen am See
eine Teichmuschel will wieder
ins Wasser

Ich möchte mir vor der Heimfahrt nach meiner zweiten Schwimmrunde ein Eis kaufen. Eine junge Mutter kommt mit ihrer schreienden, etwa vierjährigen Tochter vorbei, welche an deren Arm hängt und nicht weitergehen will. Nach meinem Eiskauf ist das Schreien verstummt, und ich sehe die beiden nicht mehr. Ungestört genieße ich das Karamelleis am Stiel. Doch am Ausgangstor sitzen sie, die Mutter und ihre Tochter. Mit Engelszungen redet sie mit ihrem bockigen Mädchen, das zusammengekauert am Tor hockt. Ich gehe auf die sympathische Frau zu und erzähle ihr von meinen eigenen Erfahrungen. Sie möge sich bei Bedarf Hilfe suchen. Sie wiegelt ab.

jugendliche Schönheit
wie sie mit jedem Streit
verblasst

vor meinen Augen …
nach der Kraft geht
die Liebe

Christa Beau

Knolls Hütte

Es ist ein warmer Sommertag im August.
Ich spaziere durch die Dölauer Heide, eines der größten Waldgebiete in der Umgebung von Halle, bis zu dem Ort, wo sich einst Knolls Hütte befand.
Jetzt stehen hier Betonklötze mit Etagen- und Dachgeschosswohnungen.
Dazwischen junge Bäume, Büsche und grüne Wiese. Auch ein Kinderspielplatz wurde angelegt.

> Schaukel
> der Wind bläst Kinderlachen
> himmelwärts

Jetzt werde ich wieder zum Kind von acht/neun Jahren.
Mit meinen Eltern und Geschwistern bin ich im Biergarten Knolls Hütte.
Schon Tage vorher freute ich mich auf Fassbrause und Bockwurst mit Kartoffelsalat.
Am schönsten aber war es auf dem Spielplatz, der zum Lokal gehörte.
Schaukeln für ein oder mehrere Kinder, sogar solche, die sich in der Luft überschlugen, Karussells, Klettergerüste, Balancierstangen sorgten dafür, dass die Zeit schnell verging.

Vater und Mutter hatten ihre Not, uns am frühen Abend zum Aufbruch zu bewegen.
In den Schulferien bin ich oft mit Oma und den Geschwistern hier gewesen. Ihr liebevoller Umgang, aber auch die Angst, ich könnte mich auf dem Spielplatz verletzen, sind in der Erinnerung geblieben.
Im Herbst sammelten wir Kinder im Garten von Knolls Hütte Kastanien und fädelten Ketten.
Eine Windhose stürzte später die morschen, vom Alter geschädigten Bäume um.

Die Gaststätte, sanierungsbedürftig, verlor an Attraktivität. Alles wurde abgerissen, der Ort zur Baustelle.
Nach 112 Jahren ging die Ära von Knolls Hütte gänzlich zu Ende.
Wer weiß schon noch, dass der Kaufmann Otto Knoll 1904 auf einem Kartoffelacker diese Lokalität errichten ließ.

Neubauten
in ihrem Schatten
Kühle

Stefanie Bucifal

Stammbaum

„Ahnenforschung" tippe ich in die Suchleiste von Google: einemillionvierhundertunddreissigtausend Treffer.
Mit meiner Sehnsucht nach Zugehörigkeit bin ich offenbar nicht allein.
Ich klicke das erstbeste Suchergebnis an. Für 29,90 Euro monatliche Mitgliedsgebühr offeriert mir der Anbieter Zugang zu Tausenden von Datenbanken, die es ermöglichen, meine Wurzeln ausfindig zu machen.
Für einen weiteren – nicht unerheblichen – Geldbetrag kann ich meiner Herkunft gar mittels DNA-Analyse auf die Spur kommen.
Meine Vorfahren – wer waren sie? Bauern, Mägde, Künstler, Hexen, Hexenverbrenner, Anstaltsinsassen, Genies, bedeutende Figuren der Weltgeschichte, Mörder, Menschen wie du und ich?

Will ich das wirklich wissen?

Unsicher zuckt der Zeiger meiner Maus.

an nichts gebunden
ein Blatt
im Wind

72

Rita Rosen

Arrangieren

In Frühjahr sitzt ein Taubenpaar auf einem Ast gegenüber meinem Balkon. Eng beieinander sitzen sie; sie turteln und schnäbeln und plustern sich. Nicht lange sind sie allein, eine dritte Taube kommt und setzt sich in gebührendem Abstand neben das Pärchen. Äugt herüber und schaut ihnen zu. Der Täuberich ist verärgert, er gurrt laut und bewegt seinen Kopf abwehrend. Aber den zweiten stört das nicht. Er bleibt sitzen. Dieses Spiel beobachte ich einige Wochen lang.

Spätsommer ist es geworden. Da ist es wieder, das Paar. Sie sitzen ruhig nebeneinander auf dem Ast und schauen ihrem Nachwuchs zu, der aufgeregt um sie herumflattert. Ich vermisse den zweiten Täuberich und denke, dass er nun aufgegeben hat. Aber es dauert nur einige Minuten, und da ist er wieder. Lässt sich neben dem Paar auf den Ast nieder und schaut neugierig dem Flug der Jungen zu. Nacheinander gurren alle zufrieden.

Arrangement –
eine Lebenskunst
die manchmal gelingt

Bernadette Duncan

die brombeeren

sind reif und auf unseren händen wirft der herbst seine lila schatten voraus. alles hat gesichter, allen voran der rote traktor, der nur noch als schlafplatz für die schwarz-weiße katze dient. sie weicht meinem kleinen begleiter, damit er einmal um die welt tuckern kann, die heute groß ist und mir gelegenheit gibt, ein wenig herumzuschaun.

kaum ein durchkommen
für hummeln in der mit licht
eingedickten luft

wir nehmen die abkürzung über zwei bröckelnde mauern und die hecke
aus schwarzdorn bleibt links liegen (wer besteht schon vor dem blauen
spiegel der schlehen?). butter und mehl sind bald gewogen für einen
bramble pie.

Bernadette Duncan

mittwoch morgen

rentnertreffen
er leistet sich ein
leitungswasser

die frau, die seit einigen monaten hier arbeitet und nach der frühschicht
ins flüchtlingsheim zurückgehen wird, blickt auf ihre hände, die vorher
noch zwei brezeln eingepackt haben, und wendet sich um. die gläser sind
weiter oben im regal, aber zuerst dreht sie den wasserhahn auf. ganz voll
befüllt sie das colaglas, und für einen augenblick sieht es so aus, als ob sie
weiter zuschauen möchte, wie das wasser über den rand quillt. doch dann
stellt sie es ab, trocknet den glasboden an einem tuch und reicht das glit-
zernde getränk über die theke.

Ingrid Meinerts

Rekonvaleszenz

Sie haben sich erholt.
Nach der Dürre im letzten Sommer waren die Kastanienbäume am Fluss
in einem traurigen Zustand. Schon im August verdorrte Blätter und im
September kahle Äste. Als es dann im Oktober ein wenig regnete, wagte
einer der jungen Bäume einen Neuanfang: frische Blätter und einige kleine
Blütenstände. Dann begann der Winter. Und nach den ersten Frösten ging
verloren, was er so mühsam hervorgebracht hatte.
Jetzt im Frühling haben die älteren Kastanien wieder ihre Blütenkerzen
aufgesteckt und stehen in voller Pracht. Bei dem jungen Baum reichte es
nur für wenige sehr kleine Blüten und Blätter. Er wird in diesem Jahr eine
Ruhepause brauchen.
Ich bin sicher, er schafft es.

> Waldbaden
> leise lächeln
> die Bäume

Angelika Holweger

Metamorphose

Die Kamera umgehängt, sitze ich am Gartenteich und beobachte das Le-
ben im und am Wasser. Dort an einem Froschlöffelstängel die Larvenhaut,
genannt Exuvie. Daran klammert sich fest die frisch geschlüpfte Libelle.
Ihre silbrig glänzenden Flügel liegen noch am Körper, spannen sich aber
bald auf. Reglos verharrt sie dort Stunden, mehrfach von mir mit angehal-
tenem Atem fotografiert. Ein selten intimer Moment, dem ich beiwohnen
darf. Am nächsten Tag ist die Segellibelle verschwunden, sicherlich längst

zum Jungfernflug gestartet. Auch die Larvenhaut ist wohl abgefallen.

dem Schwabenalter
längst entwachsen – er
wohnt noch bei der Mutter …

Horst Ludwig

Ich bin jetzt so alt wie Opapa damals, etwas älter sogar. Ich war nahe bei ihm, sah Mücken tanzen und wischte mir manchmal Marienfäden aus dem Gesicht. Er saß auf der alten Holzbank am Auszugshaus, beide Hände am Stock vor sich, etwas zusammengesunken, den Rücken aber trotzdem an die Kalkwand gelehnt. Er sagte mir oft, dass er auch mal so ein kleiner Junge war, und ich unterbrach dann, was immer ich gerade spielte, und setzte mich kurz zu ihm. Ich stellte aber keine Fragen; ich war nicht neugierig.

Herbstabendstille –
nur noch der Wald weiter weg
in hellerem Licht.

Silvia Kempen

Dialog

„Gibst du Oma einen Kuss?"
Einen Moment Stille –
dann: „Hier wird nicht geknuuuutscht!"
„Wer hat das gesagt?"
„Maren."

„*Ist das die Erzieherin in deiner Krippe?*"
„Ja."
„*Wer hat denn geknutscht?*"
„Jan."
„*Und mit wem hast du geknutscht?*"
„Mit Sarah."
„*War das schön?*"
„Ja."

    Vergissmeinnicht
    ganz weit oben
    ein Kondensstreifen

Kerstin Hirsch

Erleichterung

Wir dürfen wieder reisen. Noch in der Nacht fahren wir Richtung Meer.
Bei unserer Ankunft spiegelt sich die Morgensonne im Bodden.
Wir schlendern durch den Ort.

    vertraute Wege
    die Veranstaltungshalle
    jetzt ein Testzentrum

Wir tragen Masken, und ich achte auf die Lachfältchen um die Augen der anderen.
So verändert, der Umgang miteinander.
Und doch

    alles wie immer
    aufrecht in seiner Haltung
    der Strandhafer

Gabriele Hartmann

neue Seiten

Ich blättere in einer Anthologie und ertappe mich dabei, dass ich nur die angekreuzten Beiträge lese. Der Mensch, der sie ankreuzte – was die von ihm ausgewählten Texte doch alles über ihn verraten! Philosophische Gedanken, Sinn für Sprache, Liebe zur Natur, Blick fürs Detail, menschliche Wärme, feiner Humor … Ich blättere noch mal zurück.

> du und deine Bücher!
> die Reihenfolge im Regal
> verstehe wer will

Helga Stania

in den wind geflüstert

ob mir ein solcher morgen nochmals geschenkt werden wird?
das funkeln des mühlenbachs, das blattrot der birnbäume, die hainbuchenarkaden sonnendurchwirkt als wär's der lichtgaden einer kathedrale. beim alten kastell, unter den morschen linden, geht mein blick weit über dörfer, felder und moor

> letzte schwalben
> den augenblick dehnen
> hin zum traum

Tan-Renga

Horst Ludwig und Ilse Jacobson

die alten Wege
noch immer Stolpersteine
bis zum Gipfelkreuz

Wir kannten sie doch alle.
Doch eben nicht so wie nun

IJ / HL

Claus Hansson und Ilse Jacobson

hohe Föhre –
noch einmal ihr Blick
zum Morgenstern

unsere Visionen
neu gezeichnet

CH / IJ

Claus Hansson und Ilse Jacobson

Geheimnis Wald
meine Schritte
geborgen im Moos

die tiefen Schatten
am Monte Mottarone*

*Seilbahnunglück Pfingstsonntag,
23.05.2021

IJ / CH

Claus Hansson und Ilse Jacobson

im Wind
eine Apfelblüte
und du

ihre Melodie
fürs Notenheft

CH / IJ

Rita Rosen und Brigitte ten Brink

mit Sturmböen
trotzig erkämpft
der Auftritt des Sommers

Wolken ziehen den Vorhang
immer wieder auf und zu

RR / BtB

Rita Rosen und Brigitte ten Brink

über dem Kornfeld
zwei Schmetterlinge
taumelnd ins All

vom Mars erreichen uns
neue Bilder

RR / BtB

Rita Rosen und Brigitte ten Brink

heute im Garten
sah ich gilbende Blätter
und dachte – an Rilke*

auf den Bänken der Allee
vergessene Zeitungen

BtB / RR

*inspiriert von Rilkes Gedicht
„Das Ende des Herbstes"

Rita Rosen und Brigitte ten Brink

bunter Blätterteppich
auf grauem Asphalt
die alte Frau murrt

erste Stimme im Konzert
der Straße – ein Laubbläser

RR / BtB

Christof Blumentrath und
Gabriele Hartmann

auf Flügeln der Zeit

ich schaue zu
wie sich das Laub färbt …
Briefe an daheim

im Koffer
fremde DANN

Skydive
die Tiefe
meiner Atemzüge

auf Flügeln der Zeit
begegnen wir uns

Gesichter im Wind
ein gelbes Eimerchen
gefüllt mit Schnee

am Horizont schmilzt
Abendlicht

CB 1, 3, 5 / GH 2, 4, 6

Tony Böhle und
Gabriele Hartmann

Gegenwind

aus der Menge
hör' ich deinen Klingelton
Perfekte Welle

befindest du und scheitelst
mein Haar mit den Fingern

mit der Zeitung
und einer kühlen Brise
kehrst du zurück

in fetten Lettern
erhebt sich Gegenwind

Gänseblümchenweiß
zwischen sie liebt mich
sie liebt mich nicht …

fällt die Entscheidung –
Perseidenschauer

TB 1, 3, 5 / GH 2, 4, 6

Gabriele Hartmann und Tony Böhle

an der Cocktailbar

rosa Flamingos
wir balancieren unseren
Streit aus

mit einer Pink Lady
an der Cocktailbar

der Sommermond
nicht rund … die Geschichten
die du mir erzählst

doch nur allzu gern will ich
sie glauben, diese Lügen

Abendsonne
was schleppst du da bloß alles
mit dir rum, Schnecke?

ein Häuschen, in das ich mich
am liebsten verkriechen will …

GH 1, 3, 5 / TB 2, 4, 6

Rengay

Gabriele Hartmann und
Christof Blumentrath

Christof Blumentrath und
Gabriele Hartmann

nach dem Fest

auf dem Heimweg

leere Seiten
wird es morgen sein
wie heute?

dünnes Eis...
sie sprechen
von Kindern

langsam rutscht
der Winter vom Dach

am Horizont entdeckt
morphogenetische Felder

tiefer Atem
in den Nebel gemischt
'ne Spur Sandelholz

Giersch
im Maiglöckchenteppich
neue Muster

gepresste Blüten
unverändert
ihr Lächeln

zwischen Abend
und Morgen
ein wildes Tier

hat mich gefunden
Morpheus …

auf dem Heimweg
‚Strangers in the Night'

nach dem Fest
das Haus voller
Stille

von Straßenlaternen
tropft Licht – er schiebt den Hut
aus der Stirn

GH 1, 3, 5 / CB 2, 4, 6

CB 1, 3, 5 / GH 2, 4, 6

Tanbun

Gabriele Hartmann

Krisengebiete

Testergebnis
Die Matheklausur hat er wieder verhauen.

totes Gleis
der Junge mit dem Koffer
tritt zurück

Hygieneplan
Lt. aushängender Liste wäre die öffentliche Toilette vorgestern zu reinigen gewesen.

braune Spuren
Großvater referiert
über die Jugend

Infrastruktur
Nun sollen Werkverträge in der Fleischindustrie verboten werden.

Blinzeln
ein schwanzloses Schwein
an der Rampe

Überwachung
Schon in der ersten Woche hatten 12 Millionen die Warn-App des RKI heruntergeladen.

Spätheimkehr
die knarrende Stufe
vermeiden

Prävention
Früher gingen hier Lawinen ab.

drei Wünsche:
dass sie nicht enden
deine Küsse

Monitoring
Im Display steht:
„Starke Beatmung".

die Schwester
reicht die Formulare
zurück

Registerdaten
Sie gräbt Maiglöckchen aus.

Wurzel-Rhizom
lt. Geburtsurkunde:
Vater unbekannt

Faktenblätter
Twitter versieht den Tweet mit warnendem Hinweis.

im Umkehrschluss
Daumen und Zeigefinger
bilden einen Ring

Forschungsfeld
Mit einer Rasierklinge ritzt sie die Haut am Handgelenk.

Sandkastenliebe
wir vergleichen
unsere Narben

Falschmeldung
Lt. Beipackzettel ohne Nebenwirkungen.

Intoleranz
sie setzt den Rotwein
ab

Geheimdienst
Gerührt, nicht geschüttelt.

was blieb
von seinem Wort?
Stille Post

Eliteeinheit
Alle 11 Minuten verliebt sich ein Single über Parship.

Blinddate
sie wählt Dessous
in Tarnfarben

Krisengipfel
Der Minister duckt sich.

grüne Nüsse
beim ersten Sturm
werden sie fallen

Datenüberwachung
Ich seh' etwas, was du nicht siehst.

im Kinderzimmer
die Bildschirmkamera
zugeklebt

Cyber-Krieg
Die Kryptowährung im freien Fall.

Dein Reich komme
das Oberhaupt spendet
Seinen Segen

Sylvia Bacher, Claudia Brefeld, Brigitte ten Brink

geheimnisse der farbgebung
Tanbun-Sequenz – im museum

störender lichteinfall. ich wechsle mehrmals den platz für eine ideale
perspektive, das *Blaue Pferd* unruhig...

geheimnisse
der farbgebung – gelüftet
vom audio-guide

unversehens greift *Der Schrei* nach mir – hallt tief in mir wider. meine
schläfen beginnen zu pochen …

schrille töne
die pinselführung
außer kontrolle

beim anblick des *Kreidefelsens* ins träumen geraten – ein alter herr im
gehrock gesellt sich an meine seite

wir lassen uns treiben
diese heiterkeit
im wellengang

SB: 1, 4 / BtB: 2, 5 / CB: 3, 6

Kettengedichte

Tony Böhle

Take on me
Tanka-Sequenz

Schwerelos auf und nieder springend
hat ein Mädchen im Gitarrengewitter ihren Schatten verloren.

Im Halblicht der Bar durchstöbert sie die Karte:
Ist es ein *Virgin Sunrise,* den sie sucht oder ein *Sex on the Beach?*

Silberhell der Klang in deiner Stimme,
wenn du lachst und
– hältst du es in der Hand –
der Eiswürfel im Glas.

Nach deinem Namen hab' ich dich noch nicht gefragt …
So speichere ich deine Nummer einfach als
„Das Mädchen ohne Schatten".

Als würden sie dir zögerlich eine Frage stellen,
gleiten meine Finger langsam unter dein Shirt.

Bevor es ernst wird mit uns, erzählst du mir von
der „Kein Küssen nach dem Oralverkehr"-Regel
und deinen kalten Händen.

Stück um Stück streif' ich deine Kleidung ab …
Doch dich umgibt noch immer ein Geheimnis,
das ich nicht benennen kann.

Vergrößert um ein Vielfaches,
siehst du meine Erregung wachsen
am Schwarz meiner Pupillen.

Die Art, wie du mir Fellatio gibst, ist ein wenig plakativ …
gerade wie eine Frau, die gern Pornofilme sieht.

Zwei Finger in dir blickst du mich an wie eine Wachsfigur:
Den Mund leicht geöffnet, beginnt deine Haut zu schmelzen.

Beobachtet vom Jimi Hendrix-Poster über meinem Bett,
werde ich zur Gitarre.
Du spielst auf meinen Saiten.

Deinen Geruch nach Zigaretten, Schweiß und Pfirsich-Deo,
der noch am Laken haftet,
trage ich als mein Parfum.

Dein Schal, der noch an der Garderobe hängt,
ist wohl eine Ausflucht zum Wiedersehen
für dich … oder … für mich?

Trotz Kondom und aller Vorsicht …
Jeder Gedanke an diese Nacht mit dir
brennend wie eine Infektion!

Angezogen von der dunklen Seite aller Dinge,
würze ich mein Omelett mit etwas Koriander.

Aufgereiht wie Models auf dem Catwalk,
werfe ich den Lilien im Schaufenster
einen kessen Blick zu.

Die Geste, mit der du Kaffee bestellst,
ist vorgetragen in perfektem Italienisch …
Es ist zu einfach, dich zu mögen!

Das also bewirkt der Sex mit dir:
Anstelle eines schwarzen Kaffees trink' ich ihn als doppelten Espresso.

Unsere Füße baumeln im Wasser umher,
und wir lachen über die letzte Nacht …
Nur der blaue Himmel lauscht.

Die Leichtigkeit eines Juniabends …
Wir durchstreifen Sommerstraßen, schauen in Sommergesichter.

In der Abendsonne teilen wir die ersten Kirschen der Saison,
als sich dein Schatten langsam an mich zu lehnen beginnt.

Wir sind uns einig, nichts zu sein als Freunde …
Und als ein Freund tanze ich mit dir, die Hand auf deinem Po.

Heute will ich dich vor mir zum Höhepunkt bekommen.
Sicherlich, Sex ist kein Wettstreit,
doch ich mag es zu gewinnen!

Steckst du dir heimlich
auf der Gartenschaukel eine *Winston* an,
färbt sich dein Schatten eine Nuance heller.

Als wär' es das Spiel „Ich sehe was, das du nicht siehst …“,
kann ich nicht raten, was es ist, das du da siehst
zwischen uns beiden.

Der Einkauf heute:
ein Bund Bio-Bananen und das Versprechen
von *Men's Health* „Obst verbessert den Geschmack des Spermas“.

Etwas Banales,
wie man zwei, drei Haltestellen mit dem Bus
zum Shoppen in die Stadt fährt:
unsere Verabredung zu Sex.

Ein Uhr siebzehn …
Nach dem Sex sinken wir erschöpft ins Bett.
Diesmal ist es OK: Übernachten bei mir.

Ich mag dich, doch …
bist du eine ganze Nacht bei mir, fühl' ich mich
wie eine Portion Cornflakes, die zu lang' in der Milch lag.

Dir einen Kaffee zu brühen, erscheint mir ein Ding auf Leben und Tod –
Dabei sollte es doch un-
kompliziert bleiben mit uns.

Das bist du:
Dieses seltsame Wesen, das in Liebesdingen nie auf Schutz verzichtet und
E-Roller fährt ohne Helm.

Im Drogeriemarkt schnell eine Zahnbürste für dich zu kaufen …
diese Art Intimität kann ich dir nicht geben.

Wie du verkündest „Das Leben ist für mich ein Festival", sagt mir:
Ich bin nicht der einzige Akt auf deiner Bühne.

Auch mit ihm scheint dich eine Liebschaft zu verbinden:
Mit einer Geste voller Unbekümmertheit streift der Fahrtwind dir durchs
Haar.

Unausgesprochen steht etwas im Raum zwischen dir   und   mir,
als wären wir eines von Manets schweigenden Pärchen.

Auf meine WhatsApp "🤙 + ⬤?" antwortest du "🤙 ✊ 💤".
So plan' ich heute Abend
eine Romanze allein.

Die Cola-Dose öffnest du mit einem *TSCCHHHT!!!*
und saugst dir den Finger, als hättest du gelernt:
Verletzt man dich, zeig niemals, dass du blutest!

Den Kopf leicht auf die Seite geneigt schließt du die Augen.
An was immer, wen immer du jetzt denkst, bin nicht ich …

Die Musik verstummt, das Licht geht wieder an
und gelöst
– wie nach einem Rockkonzert –
verschwindest du nach dem Sex.

Dein *Dove*-Duschgel im Bad füllst du nicht mehr auf.
So neigt sich wohl unser – was auch immer – dem Ende entgegen.

Drei Tage hab' ich nichts von dir gehört
und allmählich
geht es mir wie den Bananen,
die sich auf dem Tisch braun färben.

Wie all die Bücher in den Möbelläden mit ihren leeren Seiten
kommt mir dieses Miteinander vor;
unfähig es zu füllen.

Der Song *Take on me* lässt mich an nichts anderes denken als dich.
Nun scheint die Zeit gekommen,
einen Schlussstrich zu ziehen.

Flirts und Alkohol sind sicher meine Feinde …
doch lehrte nicht ein Mann aus Nazareth, du sollst auch diese lieben?

Vielleicht ein wenig, um mich zu quälen, schau' ich eine Dating-Show
im JUST HAPPY!-Shirt vom Tag unserer Begegnung.

Ilse Jacobson und Claus Hansson

und höre dir zu
Renhai

Tandaradei...
ein Lächeln
im Morgenlicht / CH

und höre dir zu / IJ
du Zaunkönig am Grab / CH

gemeinsam
über den schmalen Steg
er hält / IJ

Ilse Jacobson und Angelika Holweger

Klangstein
Renhai

durch Pfaffenhütchen
und Rittersporn
der Wind / IJ

Stille beim alten Mühlrad / AH
doch jenes Lied geht um die Welt / IJ

mit nassen Händen
am Klangstein …
Tremoli füllen das Kirchenschiff / AH

Ilse Jacobson und Angelika Holweger

Andacht
Renhai

Notre Dame
nach dem Brand unversehrt
die Fensterrosen / AH

herbstliche Alleen / IJ
sie üben den Bändertanz / AH

Zaungäste …
die leise Andacht
bei den Vögeln / IJ

Ilse Jacobson und Claus Hansson

Wünsche
Yotsumomo

seine Einfachheit
im Süden
beim Netzeflicken / CH

Pans Schattenspiele
wie sich das Schilfrohr wiegt / IJ

die vertraute Kate
immer noch
ein Duft nach Schinken / CH

aufblühender Balkon
Wünsche ranken ins Blau / IJ

Es können auch längere und lange Kettendichtungen eingereicht werden, diese werden dann aber nicht mehr im SOMMERGRAS, sondern auf der DHG-Website parallel zur jeweiligen SOMMERGRAS-Ausgabe veröffentlicht. Auf diese Weise wird die gemeinschaftliche Kettendichtung besser gefördert, da es so keine Platzeinschränkungen mehr gibt, die beim SOMMERGRAS ja immer eine Rolle spielen.

Die Kettendichtungen (*renku*) bitte immer mit dem zugrunde liegenden Schema und Anmerkungen einreichen, da es so für die Leser besser nachvollziehbar ist.

Wir freuen uns auf Ihre Zusendungen!

Haiga: Angelika Holweger

Rezensionen/Besprechungen

Gisela K. Wolf

100 Kurzgedichte zu Sophie Scholl
Eine Biografie in Japanischen Formen

Herausgeber und Autor Peter Rudolf, Mitautoren: Ingo Cesaro, Bernhard Haupeltshofer, Moritz W. Lange *. edition linth, CH-Ziegelbrücke, 2021. ISBN 978-3-85948-185-5.

Mit 100 biografischen Kurzgedichten gedenkt Peter Rudolf der am 9. Mai 1921 geborenen und jung verstorbenen Sophie Scholl. Sie, ihr Bruder Hans und der Gleichgesinnte Christoph Probst kämpften im Widerstand gegen den Nationalsozialismus und wurden am 22. Februar 1943 in München hingerichtet. Im Vorspann des Buches weist Autor Peter Rudolf darauf hin, dass es sich bei den Gedichten um einen literarischen Versuch handelt, dass die Texte zwar in japanischen Formen geschrieben wurden, jedoch keine klassischen Haiku oder Tanka darstellen. Indem er jedoch diese Formen verwendet, drückt er seine Reverenz aus gegenüber Japan und seinen Dichterinnen und Dichtern, welche diese Formen durch die Jahrhunderte geprägt haben.

Ein Experiment also, das bereits des Öfteren angegangen wurde und heute immer wieder Autoren anregt, diese Formen zu öffnen, sie in einem anderen Kleid zu zeigen. Doch wie weit kann z. B. das Haiku formal und thematisch transformiert werden, ohne seine „Haikuheit" zu verlieren? Hat sich nicht bereits innerhalb des modernen und gegenwärtigen deutschsprachigen Haiku ein innovatives, avantgardistisches Haiku gezeigt, um als dritte Kraft neben der traditionellen und neben einer modernen Haiku-Auffassung aufzutreten?

Erinnert sei in diesem Zusammenhang an das Gendai-Haiku, dazu Dietmar Tauchner **): „Wohin auch der Haiku-Weg führen mag; es wird kein einsamer oder ausschließlicher sein. Das Haiku der Zukunft wird sich durch Pluralismus und Diversität gleichwertig kennzeichnen."

Peter Rudolf ist es gelungen – und dies gerade dank der leicht veränderten Formen – eine flüssig zu lesende Biografie zu schreiben, dies vor allem auch ohne die zeitlich bedingten Zäsuren vermissen zu lassen. So werden das Bild des jungen Mädchens, sein Elternhaus, seine Umgebung bereits in den ersten Gedichten sicht- und erfahrbar. Sophie Scholl wurde nicht als Widerstandskämpferin geboren, sie wuchs in einer kinderreichen Familie mit christlich-liberalen Werthaltungen auf. Ihre Mutter Magdalena war bis zur Eheschließung Diakonisse.

Weiß blüht die Rose,
weiß nichts von einem Tode
schon im Morgenwind

Der raue Baumstamm,
die starken Äste, das Grün –
so viel Zuhause.

Zuerst geblendet und begeistert vom nationalsozialistisch propagierten Gemeinschaftsideal, trat Sophie Scholl dem BDM (Bund Deutscher Mädel) bei, erkannte jedoch zunehmend den Missbrauch ihrer Ideale:

Allein die Ahnung
die geeignete Farbe
für das Fundament.

Welcher Art Dornen
stecken von Anfang an
in einer Rose?

Als Studentin der Biologie und Philosophie traf sie in München auf andere junge Leute, die sie in ihrer Ablehnung des Nationalsozialismus bestärkten. Doch auch ein gut gemeinter Rat der Mutter ist verbrieft und sei erwähnt:

Nicht ereifernd sein,
nur richtig menschenfreundlich
mit Rat und mit Tat.

Wenig bekannt könnte sein, dass Sophie eine talentierte Zeichnerin war und zweimal, nicht nur einmal, wie es das Buch im Vorspann nennt, Worpswede ***) besuchte:

Worpswede besucht
und ein farbiges Leben,
das verboten ist.

Künstler zu werden
setzt erst, denke ich, voraus:
Mensch geworden sein.

Sophie Scholl schloss sich der Widerstandsgruppe „Weiße Rose" an und beteiligte sich an der Herstellung und Verbreitung von Flugblättern, die den Sturz des NS-Regimes forderten. „Weiße Rose" stand als Überschrift auf den ersten vier der sechs Flugblätter, die im Februar 1943 zur Verurteilung von Sophie und Hans Scholl sowie Christoph Probst führten. Bis in die Gegenwart gilt die „Weiße Rose" als bekanntestes und symbolgebendes Beispiel für den studentisch-bürgerlichen Widerstand gegen das NS-Regime innerhalb Deutschlands. Zum Ausdruck kommen auch das Wissen um den Genozid und die Unfähigkeit, ihm Einhalt zu gebieten; dies mit Verzweiflung, Trauer und Anteilnahme:

Ein Stern auf der Brust –
so viele Ausgezeichnete,
Sterne und Sonnen.

Im Land voll Kriegswut
den eigenen Mut finden,
aufrecht nicht brechen,
wissend aufrichtig handeln
und aufgerichtet sterben.

Mit den Flugblättern –
fliegt in der Uni München
ein Übermut mit?

Vor Prozessbeginn
Todesurteil bestätigt
für die drei Freunde.

Das Gewicht der Angst
wird belanglos angesichts
der Weißen Rose.

Schweigen sei nicht mehr,
wir sind euer Gewissen –
die Weiße Rose.

Die Gräber von Sophie und Hans Scholl sowie von Christoph Probst befinden sich auf dem neben der Justizvollzugsanstalt Stadelheim gelegenen Friedhof am Perlacher Forst (Grab Nr. 73-1-18/19). Etliche Straßen, Wege und Plätze in Deutschland wurden nach den Geschwistern Scholl benannt. Die deutsche Bundesregierung beschloss, anlässlich des 100. Geburtstages von Sophie Scholl eine 20-Euro-Gedenkmünze prägen zu lassen und im April 2021 herauszugeben.

*) Drei Mitautoren sind mit je einem Haiku vertreten:
Bernhard Haupeltshofer, *1955 München, Autor und bildender Künstler, Zeichner
Ingo Cesaro, *1941 Kronach (Oberfranken), Autor, dreiteilige Texte 5-7-5, eigener Verlag und Buchdruckerei mit einer mobilen Handpresse
Moritz Wulf Lange, *1971 Hamburg, Autor neuer Schreibtechniken, Hörspiel- und Romanautor, Pseudonym: Melchior Hala

**) Dietmar Tauchner, *1972, lebt in Wien und Puchberg, Kurzlyriker, Lyriker, Epiker, Dramatiker, Begründer des Wort-Ton-Ensembles ‚Ziran'.

***) Worpswede, die Künstlerkolonie Worpswede ist eine Lebens- und Arbeitsgemeinschaft in Niedersachsen. Sie entstand Ende des 19. Jahrhunderts im Teufelsmoor, etwa 20 Kilometer nordöstlich von Bremen. *Quelle: Wikipedia.*

Erich Meyer

AUF DER SUCHE NACH LICHT
Gedanken zum Buch der Autorin Christiane Haen-Ranieri

Christiane Haen-Ranieri, *En Quête de Lumière / Auf der Suche nach Licht.*
Haiku-Buch in Französisch und Deutsch. Éditions Unicité, Saint-Chéron 2020, 138 Seiten. ISBN 978-2-373554-48-9

Als ich die Nummer 131 der Vierteljahresschrift SOMMERGRAS zur Hand nahm, hat mich die Buchbesprechung von Claudia Brefeld zu AUF DER SUCHE NACH LICHT von Christiane Haen-Ranieri besonders angesprochen.

Bei der Lektüre des Buches von Christiane Haan-Ranieri hielt ich sogleich inne, als sie über ihren Vater berührend sagt: „Wir waren unzertrennlich, ich war sein Augenlicht, er mein Gedächtnis ". (S. 25)

Aus dieser Aussage spricht für mich bereits zu Anfang des Buches eine bedingungslose Liebe von Christiane Haen-Ranieri zu ihrem Vater.

Es ist auch die Liebe zu ihrer nicht-sehenden/blinden Mutter, die die Autorin im Rahmen ihrer unmittelbar nacheinander aufgestellten 79 Haiku (S. 29–129) pointiert. So sollen dazu zum Beispiel ihre herzbetonten Worte festgehalten sein:

strahlend
hinter dem Narzissenstrauß
Mutters Lächeln (S. 78)

Und bereits jetzt auf Verse vorgreifend, die die Autorin berührend zum Abschied von ihrer Mutter an deren Lebensende sagt:

gelöscht
der letzte Leuchtkäfer –
die Augen meiner Mutter (S. 126)

Auch zum Abschied des Vaters an seinem Lebensende hält Christiane Haen-Ranieri einfühlsame Worte fest, wenn sie sagt:

Vater ist von uns gegangen
er lässt meine Schultern
verwaist (S. 109)

Und fast tröstlich mag ein Erinnern an den Vater erscheinen:

Sonntagsausflug –
ich besuche meinen Vater
auf dem Friedhof (S. 111)

Der Autorin gelingt es, die Aufmerksamkeit der geneigten Leserinnen und Leser hinzulenken auf ein Innewerden jener Augenblicke und Situationen, die sie im gemeinsamen Leben mit ihren Eltern (er-)lebte. Dabei bildet sie ihr Spüren und ihre Daseinsäußerungen über ihre formulierte *Ich-Perspektive* in gegebenen Situationen *unmittelbar* sprachlich ab, wenn sie zum Beispiel schreibt:

Meine Hand auf seiner   Blindheit –
Punkt für Punkt erfahre ich –   meine Finger
Sinnesfreuden (S. 30)   machen sich mit dir vertraut (S. 131)

… oder sie lässt die Leserinnen und Leser im Rahmen ihrer Haiku-Verse das Unausgesprochene fühlen, das sich an das Blindsein ihrer Eltern anlehnt, *ohne* ihre formulierte Ich-Perspektive, wenn sie den Leserinnen und Lesern zum Beispiel verständlich macht:

Musikstunde –   Blindenausweis –
die stummen Noten   das Hin und Her der Hand
auf seinem Braillebuch (S. 32)   des Kontrolleurs (S. 58)

Die zwei beispielartig zu den vorstehenden vier Haiku festgehaltenen Ausdrucksvarianten sind mithin offen für die subjektive Erschließung des Haiku-Geschehens durch die Leserinnen und Leser.

Mit der Präsentation ihrer Haiku eröffnet die Autorin ein hoch verdichtetes Sprachganzes, das vom Wahrgenommenen – nicht vom Kognitiven – erschlossen wird.

Mit der literarischen Gestaltungsform des Haiku führt die Autorin ihre Verse einer sprachlichen Ästhetik zu, unter der alsdann das gemeinsame Leben mit ihren blinden Eltern sichtbar wird. Somit vollbringt die Haiku-Schreiberin ein eindrucksvolles und wertzuschätzendes Werk, das von menschlicher Liebe erfüllt ist.

Weiterhin halte ich mit meinen Ausführungen fest: Es gibt keine Blindenwelt. Diese Aussage mag vielfach irritieren. Ich sage dazu:

Es gibt Menschen, die blind sind. Und diese leben in der Welt, in der Welt aller. Und in dieser Welt realisieren sich Lebensvollzüge und somit auch Erinnerungen – aller Menschen.

Die Haiku der Autorin berühren ganz sicher eine besondere Facette des Genres Haiku – und stellen eine Neuansiedlung im Bereich der Literatur zur Blindheit dar.

Mit der Buchbesprechung von Claudia Brefeld wurde in mir eine besondere Aufmerksamkeit hervorgerufen – weil auch ich einen blinden Vater hatte, der mich nie mit seinen Augen gesehen hat. Somit kann ich mit Überzeugung sagen, dass Christiane Haen-Ranieris Buch von besonderer Authentizität und von entsprechendem Wert ist.

AUF DER SUCHE NACH LICHT übertitelt die Autorin die Verse ihres Buches und dessen letztgenanntes Haiku heißt:

Blind –
wer hat bloß das Licht
gelöscht? (S. 129)

In diesen kurzen Versen steht das „Nicht-Sehen-Können" (das Blindsein) als Antipode zum „Licht".

„… wer hat bloß das Licht gelöscht?" – verbirgt sich hinter dieser (fragenden) Aussage Resignation, gar Trauer?

Man mag dieses vielleicht so denken. Eine Antwort auf diese Schlussfrage findet sich im Buch nicht. Hingegen meine ich, dass Christiane Haen-Ranieri mit ihren Versen zum Ausdruck bringt, dass das „Licht" auch jenes beschreiben kann, mithin auch das „Sehen", was über das eigentliche Sehen im physiologischen Sinne hinausgeht, nämlich ein Sehen, das dem

Bereich der Seele und dem Herzen zugeordnet werden kann – so zum Beispiel die Freude in und an den Dingen „sehen" zu können, die wir in der Welt wahrnehmen, wenn wir zum Beispiel die „Mutterliebe" erkennen/spüren/sehen:

Schokoladenmund –
auf meinen Lippen
Mutterliebe (S. 79)

Das zuvor genannte „Sehen", verstanden in seiner Metaphorik als Sinnbildlichkeit, Erkennbarkeit bzw. Sichtbarkeit, macht deutlich, dass die Suche nach Licht, mithin auch das bewusste Sehen der Menschen und ihre unbewusste Sehnsucht hin ins Absichtslose – nach Erfüllung, schließlich nach Liebe – aus den Versen der Autorin hervorgehen.

Welch trefflich gewählter Buchtitel!

Das Licht im gerade genannten Sinne stellt einen bedeutungsvollen Moment für alle Menschen dar.

Wenn ich zuvor feststellte, dass das fragende Haiku am Schluss meines Erachtens von der Autorin nicht mit Traurigkeit oder Resignation belegt wird – wobei ich die metaphorische Bedeutung der Termini „Licht" und „Sehen" als Begründung heranzog–, so möchte ich im Weiterdenken zur Fragestellung im entsprechenden Haiku sagen: Ich fasse das fragende Haiku als eine Aufforderung an die Leserinnen und Leser auf, sich mit dem Nicht-Sehen-Können, dem Blindsein, in all seinen sozialen und emotionalen Facetten auseinanderzusetzen. Dazu fordert meines Erachtens die literarisch-poetische Formulierung auf, „wer hat das Licht gelöscht?"

Die von der Autorin gewählte Gedichtform des Haiku für ihre Verse bietet die wunderbare Möglichkeit, Nachhall zu erzeugen, mag die Leserinnen und Leser hinleiten, die berührenden Haiku in selbst gewählter Stille aufzunehmen, in Gesprächen mit einem anderen Gegenüber oder über Schreibungen dem Haiku tieferen Sinn zu verleihen.

Ich postuliere nun zum Schluss meiner Gedanken, dass die (Situations)-Beschreibungen in den Haiku der Autorin – einen ausgezeichneten Anlass bieten, sich mit dem Thema „Blindheit" zu befassen. Schließlich hat sich für mich bei der Lektüre zunehmend die Erkenntnis herausgeschält, dass für mich über die Verse deutlich gemacht wird, dass die Menschlichkeit – die Humanitas – im Leben aller Menschen verortet ist. Das leistet Christiane Haen-Ranieri in ihrem Buch in besonders erwähnenswerter Weise.

An dieser Stelle soll nicht jener Louis Braille ungenannt bleiben, geboren im Jahre 1809 im Dorf Coupvray bei Paris, erblindet als kleines Kind nach einem Unfall – der Erfinder der Blindenschrift. Mit seiner Erfindung der tastbaren Punktschrift hat dieser Mensch die Grundlage dafür gelegt, dass nachfolgende Generationen blinder Menschen eine wichtige Kulturtechnik erwerben konnten, das Lesen und Schreiben.

Christiane Haen-Ranieri erinnert an diesen Menschen am Anfang ihres Buches, dessen Geburtsort sie besuchte – und dabei einen Bogen schlägt zur Erblindung ihres Vaters, der auch den Namen *Louis* trug.

Berührend sagt sie zu ihrem Besuch:

„Ein frischer Wind kommt auf. Ein kalter Schauer läuft mir über den Rücken. Melancholie ergreift mich." (S. 25)

Möge das Buch AUF DER SUCHE NACH LICHT von Christiane Haen-Ranieri eine ihm zustehende Verbreitung finden.

Brigitte ten Brink

Straßen. Leben Street. Life Rues. Vie Calles. Vida

Rita Rosen: Straßen. Leben Street. Life Rues. Vie Calles. Vida. HAIKU und SENRYÛ Deutsch / English / Français / Español. Hardcover. 108 Seiten. Erschienen im Selbstverlag: r.rosen@gmx.de

Spätestens seit die Straßenkunst eines Künstlers namens Banksy weltweit hoch gehandelt wird, sind Graffiti zwar nicht im Allgemeinen, aber doch im Besonderen aus der Schmuddelecke und vom Ruf des Vandalismus befreit worden.

Schraffierungen
grellleuchtend auf der grauen Wand
eilig – bleib ich steh'n

hatchings
glaring, shining on the grey wall
in a hurry – I stop

hachures
lumineuses sur un mur gris
pressé – je m'arrête

sombreados
brillantes sobre la pared gris
tengo pris – me paro (S. 14–15)

Dieses Buch von Rita Rosen handelt von dieser Kunst, aber auch vom Leben in den Straßen der (Groß)Stadt.

Akkordeon-Spiel
in der engen Gasse
von der Ferne träumen

accordion melodies
in the narrow passage
dreaming far away

jeu d'accordéon
dans l'étroite ruelle
rêver d'autres horizons

suena un accordeón
en la callejuela
soñar con la lejania (S. 34–34)

Kein Jahreszeitenbezug ist in diesem Haiku zu erkennen, und es handelt auch nicht von Natur im engeren Sinn. Und doch, es ist ein Haiku, ein

Haiku, das das Herz berührt. Ein Haiku, das eine tiefsitzende Sehnsucht thematisiert, und die Natur, von der es träumt, findet im städtisch beengten Umkreis des nicht benannten Protagonisten ihre Entsprechung. Ein sehr gelungenes Beispiel dafür, dass eine urbane Umgebung und städtisches Leben in heutigen Gesellschaften zum natürlichen Umfeld des Menschen gehören.

Jedes der sechs unterschiedlich umfangreichen Kapitel des Buches wird mit dem Foto eines Graffitos eingeleitet. Die Kapitel tragen die Bezeichnungen „Graffiti", „wir feiern die Feste, wie sie fallen!", „Revue der Straße", „Gieß den Kiez!", „kauf bis du umfällst" und „Städtetrip". * Schon an diesen Überschriften werden die vielen Aspekte deutlich, unter denen Rita Rosen das Leben in und auf den Straßen der Welt wahrgenommen hat.

Voller Empathie für die Menschen und mit einem Blick für das Detail geht Rita Rosen durch ihre Heimatstadt Wiesbaden und die Metropolen der Welt.

Straßenfest
trinken und lachen
Sorgen unter dem Bierdeckel

street festival
drinks and laughter
worries under the beer coaster

fête de rue
boire et rire
soucis sous le rond à bière

fiesta popular
se bebe, se ríe
las penas bajo el posavasos (S. 28–29)

Unermüdlich fängt sie unterschiedlichste Impressionen des Stadtlebens ein, öffentliche Liebesbekundungen ebenso wie die Blumen, die sich einen

Platz im Asphaltdschungel suchen, oder die Begebenheiten in den Labyrinthen der Fußgängerzonen und Einkaufscentern.

Die vier Sprachen haben ihre Farben. Das schwarz gedruckte deutsche Original beansprucht jeweils eine linke Seite für sich, die blauen englischen, gelben französischen und roten spanischen Übersetzungen finden sich auf den gegenüberliegenden rechten Seiten. Diese Farbgebung korrespondiert hervorragend mit den Farbfotos der Graffitis, die Rita Rosen aufgenommen hat.

So ist dieses Buch eine Hommage an das Leben in der Stadt, das große, das von allen gesehen wird, aber auch das kleine, unscheinbare, das nur bei genauem Hinsehen erkennbar ist.

*Der Übersicht halber sind hier nur die deutschen Titel angegeben.

Brigitte ten Brink

ZENtrifugal

Gabriele Hartmann: ZENtrifugal. Haiga Haibun Tanka Tanbun Sequenz. Hardcover. Erschienen im bon-say-verlag 2021. Zu beziehen unter info@bon-say.de

ZENtrifugal – schon die Schriftzuggestaltung des Buchtitels ist ein Hingucker. Das großgeschriebene ZEN sticht ins Auge und erweckt sofort die Assoziation an buddhistische Meditationsformen und die Neugier auf den Inhalt. Im herkömmlichen Sinn handelt es sich bei dem Begriff „zentrifugal" um einen Terminus, der in der Physik und in der Medizin verwendet wird. Physikalisch gesehen ist die Zentrifugalkraft die nach außen gerichtete Fliehkraft von Dingen, von Körpern, von Objekten. Im medizinisch/neurologischen Bereich ist damit die Ausbreitung von Nervenfasern, ausgehend vom Nervenzentrum, in Richtung Peripherie gemeint. Und nun erscheint die erste Silbe dieses Ausdrucks in Großbuchstaben und erweitert so seine Bedeutung. Durch diese Schreibweise wird ein Aspekt dieses Begriffs besonders hervorgehoben, der bei einer rein naturwissenschaftlichen Betrachtungsweise vielleicht etwas in den Hintergrund gerät. Es ist seine philosophische, existenzielle Bedeutung, die im übertragenen Sinn durchaus auch auf das menschliche Leben in all seinen Bereichen zutrifft. Hier können erstmals nur im Innern registrierte Wahrnehmungen und Geschehnisse eine große äußere Wirkung nach sich ziehen. Wenn solche einzelnen kleinen Begebenheiten in einer so poetischen Sprache erzählt werden, wie es bei Gabriele Hartmann der Fall ist, entwickeln sie eine enorme Kraft, lassen Bilder im Kopf entstehen, stoßen Denkprozesse an.

Oft nur angedeutet, beschreiben ihre Tanka- und Tanbun-Sequenzen, die Haibun sowie die Text- und Bildgestaltung der Haiga konkrete Ereignisse. Sie implizieren jedoch immer Gedanken und Gefühle, denen der Leser sich nicht verschließen kann, die in ihm zu wachsen beginnen und die tief in sein Bewusstsein dringen. Sie ziehen ihn weiter und immer weiter in ihren Bann, ja entfalten eine regelrechte Sogwirkung, zwingen ihn zum Innehalten, zum Nachdenken, zum Überdenken und lassen ihm dann Raum zur individuellen Ausschmückung und Interpretation des Geschehens.

GESCHRUMPFT
Tanka-Tanbun-Sequenz

in der Pubertät begann ich Worte
Worte zu wiederholen
damit sie sich entfalten konnten
zu sinnfreiem Klang

zum Klassentreffen – nach 47 Jahren – werden nicht alle kommen ... so viele Namen sind geschwärzt

gehe ich heute
durch die Gassen meiner Stadt
kommt alles kleiner
mir vor – selbst Schatten
scheinen geschrumpft

meine Wünsche? Die hehren Ziele? noch immer möchte ich Cabrio fahren

> wer auch immer
> wir waren – lass uns noch werden
> wie wir sein wollten
> damit unsere Geschichten
> man einst erzählt am Kamin (S. 12)

Dazu muss nicht viel gesagt werden – ein Entwicklungsroman in wenigen Zeilen und einer wunderbaren lyrischen Sprache, mit einem hohen Selbstidentifikationspotenzial.

AUF DER REISE
Haibun

„Ein weißes Hemd und eine gute Hose bitte", sagt einer der beiden Männer. Ich habe die Hand bereits nach dem schwarzen Anzug ausgestreckt, greife dann aber zu der alten dunkelblauen Hose, die Vater immer getragen hat, wenn wir in Urlaub fuhren. Unempfindlich und bequem. Sie scheint mir angemessen. Die hätte auch er gewählt.

> einfache Fahrt
> der Mann ohne Koffer
> tritt ins Licht (S. 54)

Diese ganz pragmatisch erzählte Begebenheit entfaltet beim Lesen eine unbändige Kraft. Hinter den knappen Worten erscheint die tiefe Beziehung, die zu Lebzeiten zwischen dem Verstorbenen und der/dem Hinterbliebenen herrschte. So tut sich das Universum eines Zusammenlebens auf, in dem Achtsamkeit und Aufmerksamkeit für den anderen, für seine Vorlieben und Eigenheiten selbstverständlich war. Das abschließende Haiku spricht von der Hoffnung, dass das Ende des Lebens nicht das Ende der (Lebens-)Reise sein muss. ZENtrifugal der Text und das, was er im Leser bewirkt.

Eingeteilt ist das Buch in zwei Kapitel: in Tanka-Tanbun-Sequenz und in Haibun, dazwischen im Wechsel mal auf der linken, mal auf der rechten

Seite die Haiga. Im Anhang werden die Begriffe Haiku, Haiga, Haibun, Sequenz, Tanka und Tanbun erklärt und die Werkzeuge für die außergewöhnlich schöne und gelungene künstlerische Bearbeitung der Fotos genannt.

Für das dichterische Werk, die künstlerische Gestaltung und Herausgabe dieses Buches wurde Gabriele Hartmann durch die Stiftung Rheinland-Pfalz für Kultur – vertreten durch Herrn Staatsminister Prof. Dr. Konrad Wolf, Mittlere Bleiche 81, 55116 Mainz – ein Projektstudium gewährt.

Brigitte ten Brink

tango

Gabriele Hartmann: tango. hiq& wortspiel. Erschienen im bon-say-verlag 2021. ISBN 978-3-945890-46-2
Zu beziehen unter info@bon-say.de

Gabriele Hartmann schreibt, malt und fotografiert im Westerwald. Sie ist nicht nur eine scharfsinnige Beobachterin und geistreiche Autorin, die sich dem Verfassen von Lyrik und Prosa in japanischer Tradition verschrieben hat, sondern eine ebenso fantasievolle und einfallsreiche Malerin, mit immer wieder neuen Gestaltungsideen für ihre Bücher. Und so ist auch dieses Buch zu einem kleinen Gesamtkunstwerk geworden. Da wäre als erstes das Format zu nennen – 21 cm Breite auf 10 cm Höhe, das Drittel einer DIN A4 Seite sozusagen. Durch die Ringbindung lässt es sich gut durch die etwas mehr als 100 Seiten blättern. Das Cover in Rot und Schwarz ist ein Hingucker. In der linken unteren Ecke etwas, das an eine Spinne erinnert, mit kleinen weiß-blau gesetzten Akzenten. Die Schriftzüge in Schwarz und Rot gehalten und den im Titel angekündigten Inhalten entsprechend in Kleinschreibung und nicht alltäglicher Schreibweise – ein kleiner Vorgeschmack auf das, was den Leser im Innern des Buches erwartet. So wird aus Gabriele Hartmann gabrielehartmann und hiq ist im

Prinzip nichts anderes als ha/i/ku, also Haiku. Natürlich handelt es sich bei den hiq nicht um Haiku im traditionellen, klassischen Sinn. Es sind sehr moderne Haiku, die die herkömmlichen Haiku-Regeln außer Acht lassen und sich neue Regeln schaffen, die meines Erachtens auch über das Gendai-Haiku, wie das moderne Haiku bezeichnet wird, hinausgehen. Hier tun sich neue lyrische Dimensionen auf, kreativ und innovativ und außergewöhnlich, aber immer auf den Haiku-Grundpfeilern ruhend, die da sind: Kürze, Konkretheit, Gegenwärtigkeit und Offenheit.

Schon im Titel wird somit deutlich, worum es der Autorin geht: die Dinge etwas anders zu sehen, Worte und Sätze gegen den Strich zu bürsten, sie in ungewöhnlicher Form zusammenzuschreiben, ohne die Wortgrenzen zu beachten, ihnen immanente Begriffe herauskitzeln und so neue Sinnhaftigkeiten entstehen zu lassen. Und das auf eine sehr ernsthafte aber gleichzeitig spielerische Art und Weise. Es muss schon mal um die Ecke gedacht werden, wenn philosophische, physikalische, kosmische oder andere Begriffe aus der Wissenschaft plötzlich in trauter Zweisamkeit dicht an dicht stehen, im Engtanz mit dem Alltäglichen verschmelzen. Engtanz, abgeleitet vom Buchtitel „tango", welcher ja ein Engtanz ist, heißt deshalb auch das erste Kapitel mit den Hiq.

armalcolitamendederbracheeinneueswort (S. 8)

stringtheoriewasunsseitheutnachtverbindet (S. 39)

trappist1unterobservanzentfernterverwandter (S. 65)

Zugegeben, hin und wieder muss schon nachgeschlagen werden, weil der eine oder andere Begriff nicht so geläufig ist. Doch es macht einen Riesenspaß und hat nebenbei auch einen Lerneffekt, die einzelnen Ausdrücke aus dem Engtanz zu separieren, so dem Hiq auf die Spur zu kommen, sich von der Aussagekraft überwältigt zu fühlen und von dem Bedeutungsinhalt berühren zu lassen.

Das zweite Kapitel trägt die Überschrift „11entanz". Hier handelt es sich um die im Buchtitel angekündigten Wortspiele. Sie sind nicht immer auf den ersten Blick zu durchschauen, deshalb freut man sich umso mehr, wenn es gelungen ist, Gabriele Hartmanns trickreiche Spielereien zu entziffern, vielleicht kann man es sogar zu enträtseln nennen. Bemerkenswert ist jedoch der stets vorhandene existenzielle Hintergrund ihrer Hiq und ihrer Wortspiele.

Hier sind drei verschiedene Arten von (Haiku)Wortspielen zu finden.

Die eine spielt mit dem Austausch von Buchstaben oder der Streichung von Worten, sodass ein neuer Sinn entsteht.

> g
> al orythmusersteausfallerscheinungen (S. 74)
> k

> ich will
> ~~dass~~ alles ~~bleibt~~
> ~~wie es ist~~ (S. 75)

Die andere mit der wörtlichen Bedeutung von Zahlen

> all1indern8er3stemichamglückzu2feln (S. 80)

und die dritte mit dem Herausfiltern von weiteren Wörtern innerhalb eines Satzes oder eines Wortes.

> nursoNEIDee (S. 86)

> humANIMAListisch (S. 101)

Die Hinterlegung jeder Seite mit dem Wort tango in großen ganz hellgrauen Buchstaben geschrieben und die Wiederaufnahme des Spinnenmotivs vor dem Beginn der beiden Kapitel, bringt Lebendigkeit in das Buch und auf die Seiten. Eine sehr schöne Gestaltungsidee, die das Werk abrundet.

Horst-Oliver Buchholz

Mit leichtem Schritt in die Tiefe

Brigitte ten Brink und Gabriele Hartmann: Thanks for the Dance. Doppel-Tanbun. Eine Hommage an Leonhard Cohen. bon-say-verlag, 2021. ISBN 978-3-945890-30-1

Zwei Poetinnen, Brigitte ten Brink und Gabriele Hartmann, bitten aufs Parkett, einen der Großen der internationalen Musikszene zu ehren, den kanadischen Singer und Songwriter Leonhard Cohen, verstorben 2016. Hinterlassen hat er uns ein letztes Meisterwerk, posthum vollendet und veröffentlicht von seinem Sohn Adam und erschienen 2019 unter dem Titel „Thanks for the Dance".

Die neun Songs dieses Albums sind der Quell der Inspiration, aus dem neun dialogische Doppel-Tanbun entspringen. Das Tanbun ist eine eher seltene Form, dem Haibun verwandt: sehr kurze poetische, meist lakonische Prosatexte, eingeleitet oder vollendet mit einem Haiku oder Tanka. In der vorliegenden Sammlung bilden die Song-Titel jeweils die Überschrift, einmal im englischen Original, einmal in deutscher Übertragung. So entstehen zu jedem Lied zwei Tanbun in dialogischer Dichtung.

Mit leichtem Schritt nehmen die beiden Autorinnen die Songtitel des Albums auf, eine Leichtigkeit, entsprungen einer sprachlichen wie auch poetischen Souveränität. Es sind leichte Schritte, wie tänzerisch, und doch sind es Schritte, die in die Tiefe führen, nichts bleibt an der Oberfläche, ein Sog entsteht bisweilen, der in neue Räume führt. Wie hier:

Listen to the Hummingbird

Wummernde Bässe allerorts – fast nicht zu hören, die sanfte, eindringlich mahnende Stimme des Weissagers.

Anfang und Ende
mit geschlossenen Augen
ein Kreis

Dem Kolibri lauschen

die Wiesenwege
der Kindheit asphaltiert
wohin sich wenden?

Sonnenuntergang – langsam, ganz langsam senkt sich der letzte Vorhang.

So entstehen Geschichten! Aus lyrischen Betrachtungen, die offenbleiben und konkret sind. Die „Wiesenwege der Kindheit", das Vergangene, das ins Gegenwärtige weist: „wohin sich wenden?"– Wie auch die poetische Korrelation von „Sonnenuntergang", der Natur, zum „letzten Vorhang", der Welt des Menschlichen, die Welt eine Bühne. Dieser Beziehungsreichtum begegnet dem empfänglichen Leser immer wieder in diesen Tanbun; wie goldene Fäden ist er verwoben in den Dichtungen dieser Sammlung: „Thanks for the Dance". Danke den Autorinnen, möchte man hinzufügen.

Rüdiger Jung

Martin Berner – Haiku 2020

Autorenseite Haiku 2020 auf www.haiku-heute.de von Martin Berner

Was ist ein Haiku? Was macht seinen Reiz aus? Vielleicht ein neues, unvoreingenommenes Sehen, ein neues, unverbrauchtes Wahrnehmen …

Nein, es ist kein Zufall, dass mir dieser Versuch einer Antwort kommt, während ich eine neue Jahreslese von Martin Berner in den Händen halte, für mich einer der inspirierendsten deutschsprachigen Haiku-Autoren. Wobei jede der Jahreslesen nicht nur von den Texten lebt, die ein jeder für sich eine DIN-A-7-Seite einnehmen, sondern auch von den grafischen Miniaturen, deren Reiz ich jetzt nicht in Worte fasse … Selber sehen, selber schauen, einen eigenen Blick riskieren, neu und anders halt:

Friedenstaube
die Spatzen
sehen es nicht so

Während political, historical, social correctness einander überbieten und
bestbegründete Konformitätszwänge ständig neue Gipfel erreichen, ist
das wohltuend und erfrischend.
Selbst in Zeiten der Corona-Pandemie:

Maskenpflicht
der Teenager
geht jetzt gerne raus

Ende eines Stubenhockers, dem plötzlich weder Pickel noch pubertäre
Selbstzweifel mehr etwas anhaben können. In Deckung – kann er sich her-
vorwagen. Chapeau!
Ein Witz, eine Pointe lässt sich toppen. Dann setzt eine/einer noch eins
drauf. Was vielleicht zu selten bedacht wird: Das geht auch in die Gegen-
richtung:

Narhallamarsch
der nächste setzt
noch einen drunter

Das schönste Wort, die schönste Idee ist nicht gefeit dagegen, zur Platti-
tüde zu verkommen. Ja, auch die Achtsamkeit! Es sei denn, sie kommt auf
einmal ganz alltäglich und bodenständig daher, verblüffend eben:

wie achtsam
sie zanken
das alte Nachbarpaar

Coincidentia oppositorum – zur Abwechslung einmal gelingend! Wer zieht da nicht den Hut?

Neu und anders sehen – das muss nicht immer gut ausgehen. Manchmal tritt das Betrübliche nur umso deutlicher in den Blick:

Rentenbescheid
alles in ihr
rückt zusammen

Soziale Appelle münden oft in ein „näher zusammenrücken!" Hier wird die Phrase demontiert: Niemand kommt näher, wenn einer, häufiger eine, den Rentenbescheid als Katastrophe erlebt. Etwas rückt näher: die Not – der anders als durch menschliche Zuwendung schwerlich zu begegnen ist.

Real sei die Zuwendung bitte – und nicht nur virtuell! Denn das Virtuelle hat in Corona-Zeiten nicht nur seine Möglichkeiten, sondern auch seine Grenzen erwiesen:

Facebook
und mit wem
die Abendkühle teilen

Im digitalen Zeitalter ist die reale Welt dazu verurteilt, ihre Existenzberechtigung erst vorzuweisen:

die Vogelstimmen-CD
schmeißt er weg
keiner hält sich daran

Aus Hilfsmitteln einen Aspekt der Welt zu beschreiben, ist ein Gesetz geworden. Dass die CD weggeworfen wird, ist nicht ihre eigene „Schuld": hätten sich die Vögel bitteschön nicht disziplinierter an die akustischen Vorgaben halten können? Das Hilfsmittel ist probat – es muss also an der Realität liegen, die ausschert, ständig, gerade im Haiku.

Humor begegnet mir oft bei Martin Berner, eine Leichtigkeit, die sich nicht „machen" lässt.

Beides garantiert noch keine unausgesetzte Fröhlichkeit. Nicht wenige der Haiku Martin Berners sind schmerzlich, tun weh, beziehen gerade daraus („Rentenbescheid", s. o.) ihren unvergleichlichen Nachhall.

Mag sein, dass Martin Berner das Personal seiner Haiku des Öfteren demaskiert. Eines tut er dankenswerterweise nie: es demontieren. Er nimmt niemandem die Würde. Es bleibt immer eine grundlegende Sympathie für den Menschen.

aus dem letzten Brief
der Freundin
eine Schwalbe falten

Nichts Despektierliches ist daran. Eher entlassen sich zwei – in die Leichtigkeit: Was kann leichter, befreiender wirken als der Flug einer Schwalbe?

sie kämmt sich
mit Sorgfalt
heute kommt Bofrost

Niemand wird die feine Ironie in Frage stellen, die da am Werke ist. Der Sehnsucht, die da in den Blick rückt, nimmt das nichts.

Molières Geizhals
der schräg vor ihm
rutscht hin und her

Ja, man kann sich ertappt fühlen – nicht nur im Theater, auch in Berners Haiku. Aber ist da nicht im selben Moment der Impuls, einen, der sich noch solcherart ertappt zu fühlen vermag, tröstend in den Arm zu nehmen?

Türen öffnen: das Werkstattgespräch

Im **Werkstattgespräch**, das wir hin und wieder in SOMMERGRAS ein-
streuen wollen, öffnen wir die Türen zu den Schreibstuben von Autorin-
nen und Poeten, blicken ihnen bei der Arbeit über die Schulter und kom-
men ins Gespräch über Dichtung und Erfahrung, über Geschriebenes und
Gedachtes. So wollen wir nicht allein Türen öffnen, sondern auch einen
Austausch über das Schreiben von Haiku und verwandten Formen und
die Menschen besser kennenlernen, deren Namen wir vielleicht schon mal
– nicht zuletzt hier in SOMMERGRAS – gelesen haben. Heute: **Deborah
Karl-Brandt**.

Wie sind Sie zum Haiku gekommen?

Als Teenager lieh ich mir vom Lesestapel meiner Mutter Sei Shonagons
„Kopfkissenbuch". Nachdem ich dieses Buch gelesen hatte, begann ich
mich für japanische Kultur zu interessieren. Dabei bin ich auf das Haiku
gestoßen. Mir gefällt das Reduzierte, Bodenständige und unglaublich
Komplexe des Haiku. Man kann alles in siebzehn Silben sagen, wenn man
es denn kann. Das ist große Kunst. Ich habe mich lange nicht getraut,
selbst eins zu schreiben, aber durch die Inspiration einer lieben Freundin
fand ich meinen Mut. Ich schrieb mein erstes Haiku, das natürlich noch
gar kein „richtiges" Haiku war.

Wo finden Sie Ihre Inspirationen?

Ideen bekomme ich, indem ich aufmerksam meine Umgebung beobachte.
Das kann in der Natur sein oder in der Stadt, am Strand oder im ICE.
Menschen, Tiere, Orte, man selbst: Alles kann Anstoß für einen kreativen
Prozess geben. Inspirationen habe ich schon an den seltsamsten Orten ge-
habt. Wenn meine Gedanken sich an etwas verhaken, ich merke, dass mich
etwas emotional berührt oder mir etwas merkwürdig vorkommt, dann
habe ich oft meine nächste Haiku-Inspiration gefunden. Ich schreibe auch
gerne Haiku zu einem Bild oder zu einem Gemälde.

Wie entsteht ein Haiku bei Ihnen, was ist Ihr Ausgangpunkt?

Ich brauche eine ruhige, meditative Geisteshaltung, um kreativ sein zu können. Stift und Papier habe ich immer dabei, damit ich Ideen skizzieren kann. Vor Kurzem habe ich die Cluster-Methode für mich entdeckt. Mit ihr kann ich den inneren Kritiker besser austricksen, weil beide Gehirnhälften beim Clustering gefordert sind. Ich schreibe alle Assoziationen auf, ziehe Verbindungen, komme vom Hölzchen aufs Stöckchen, und mit etwas Glück fällt mir dann die erste Zeile eines Haiku oder Tanka ein. Ist das der Fall, fokussiere ich mich auf genau diesen Gedanken und arbeite ihn aus. Ich arbeite auch gerne mit Haiku-Prompts.

Ist ein Haiku bei Ihnen „einfach da" oder arbeiten Sie über eine längere Zeit daran?

Ich habe schon erlebt, dass ein Gedicht ganz plötzlich „da" war. Ein oder zweimal kam ein Gedicht auch im Traum zu mir, aber meist ist es doch eher ein längerer Prozess. Mir fallen spontan ein paar meiner Gedichte ein, die mehrere Jahre gebraucht haben, um zu reifen, die ich immer wieder überarbeitet habe, bis sie schließlich rund waren wie ein Kieselstein. Mein Tipp: alles aufbewahren. Ja, auch die „schlechten". Dann alte Gedichte immer mal wieder lesen und damit spielerisch arbeiten, bis sie sich fertig anfühlen und man wirklich mit ihnen zufrieden ist.

Was macht ein gutes Haiku für Sie aus?

Ein gutes Haiku ist für mich wie ein Knallbonbon. Schnell und überraschend beschert es dem Leser einen Aha-Moment, lässt ihn vielleicht erschüttert, aber bereichert, auf jeden Fall tief berührt, zurück und verändert so vielleicht seine Sicht auf die Welt. Ich empfinde Haiku als spannungsgeladen, wenn sie einen Twist haben. Ein gutes Haiku nutzt klare Bilder und ist auf der Show-Ebene verortet. Das Tell erfolgt intuitiv, indem das Wesentliche nicht explizit ausgesprochen wird. Ein gelungenes Haiku ist wie ein Donut. Es hat ein Loch in der Mitte, sodass der Leser selbst aktiv werden muss. Er vervollständigt mit seiner Interpretation das Gedicht. Ein gelungener Text muss außerdem klingen, wenn man ihn laut vorliest.

Gibt es spezielle Themen, die Sie in Ihren Werken besonders interessieren, der Mensch, die Natur oder etwas anderes?

Mich interessieren die großen menschlichen Erfahrungen. Leider habe ich wohl eher einen Hang dazu, über düstere Themen wie Verlust, physische und psychische Gesundheit sowie schwierige Familienverhältnisse zu schreiben. Herzensthemen sind für mich Umwelt- und Naturschutz sowie soziale Gerechtigkeit.

Deborah Karl-Brandt, Jahrgang 1981, geboren und aufgewachsen in Siegen, lebt heute in Bonn. Schreibt Haiku und verwandte Formen seit 2013. Veröffentlichungen in Anthologien, Jahrbüchern, Kalendarien und zahlreichen Journalen wie SOMMERGRAS, Frogpond, Chrysanthemum, Under the Basho, Haiku Page, FemkuMag, Autumn Moon Haiku Journal, Failed Haiku, The Mamba, Lotusblüte, Haiku Canada Review, Gong, Blithe Spirit, Haiga im Focus, Haiku heute.

Das Gespräch führte Horst-Oliver Buchholz

Sommernacht am See
wage den Sprung
in die Sterne

Michael Deisenrieder

Haiga: Michael J. Deisenrieder

Berichte

Peter Rudolf

Kunstperformance „100 weiße Rosen. 100 DenkOrte"

Im öffentlichen Park „Volksgarten" pflanzte die Gemeinde Glarus am 6. Mai zehn weiße Rosen „Sophie Scholl" und stellte dazu dieses Metallschild auf.

Seit der ersten Maiwoche dieses Jahres steht auf öffentlichem schweizerischem Grund dieses Schild. Der Autor und Menschenrechtler Peter Rudolf veröffentlichte zum 100. Geburtstag von Sophie Scholl den Gedichtband „100 Kurzgedichte zu Sophie Scholl – Eine Biografie in Japanischen Kurzformen". Mit diesem nahm er an der Kunstperformance „100 weiße Rosen. 100 DenkOrte" teil. Initiantin der Performance war 2018 die Künstlerin Renate S. Deck, Leiterin der Gedenkstätte der Geschwister Scholl in Forchtenberg. Sie und die Stadt Forchtenberg nahmen Peter Rudolf unter dem Stichwort „DenkOrt Glarus" in die 100 DenkOrte auf.

Renate S. Deck lud unter anderem am 9. Mai zu ihren 100 Haiku und zu 100 Haiku von Peter Rudolf nach Forchtenberg ein: An der Kirchenstiege entlang hingen – zum Mitnehmen – 100 plastifizierte Drucke, auf deren beiden Seiten jeweils ein Haiku der deutschen Künstlerin und des Schweizer Autors zu lesen waren.

Am 9. Mai führte das Anna-Göldi-Museum die Buchvernissage im Rahmen einer Matinee durch. Mario Andreotti, Literaturprofessor und Historiker, führte unter Bezug auf internationales aktuelles Geschehen in die Thematik des politischen Widerstands ein. Der Geiger Ronny Spiegel gab mit seinem Vortrag der vier Sätze der Solo-Violinsonate von Erwin Schulhoff dem Anlass einen würdigen musikalischen Rahmen.

Zu den ersten Dreizeilern seiner Lesung fügte der Autor kurze Erklärungen an. Die letzten sechs gestalteten der Musiker Ronny Spiegel und der Dichter Peter Rudolf als interdisziplinäres Duett: Auf jeden der sechs Dreizeiler ließ der Geiger eine kurze musikalische Improvisation folgen.

Marion Panizzon

Der weite Weg zum Haiku:
Workshop von Peter Rudolf in Bern

Peter Rudolf, Vorstandsmitglied der Deutschen Haiku-Gesellschaft, hat Ende Mai in Bern einen Haiku-Workshop des Schweizer Literaturvereins PPO LYRICA geleitet. Etwa zwölf Interessierte kamen, schrieben, diskutierten und brachten Beachtliches hervor.

Für die nötige Inspiration und als Einstieg in den Workshop präsentierte Peter Rudolf ein Haiku aus dem Jahr 1955, das Flandrina von Salis, eine der wichtigen Haiku-Pionierinnen in der Schweiz, gedichtet hatte:

Seerosenwunder,
rein auf moosigem Nass erblüht,
– Frieden, weltentrückt.

Sogleich war die Neugierde geweckt. Alle öffneten sich seerosengleich und aktivierten ihre lyrischen Ressourcen dank Peter Rudolfs behutsamen Anleitungen, gepaart mit Inhaltsvermittlung, sei es zum Wandel der Symbolik in den Haiku von der Natur zur Politik oder zur Auflösung der strengen Form. Verhaltene Begeisterung und Skepsis wurden auch geäußert.

Artur Gloor sei dem Haiku in seiner Arbeit für die Berner Gedichtbände für Berner Schüler und in seiner Arbeit „ausgewichen", während James Mayr Schüpbach einen Bezugspunkt im Haiku für sein experimentelles lyrisches Schreiben „writing the natural way" sieht. Paul Bernard fand seinen Weg zu den Haiku über die Fotografie. Peter Rudolf entgegnete dem durch den Hinweis, dass die Haltung und nicht die Form das Haiku zum Haiku macht. Beispielsweise könne ein Haiku eine Art Stille inmitten des hektischen japanischen Alltags sein, der keine Erholungspausen wie freie Samstage und Sonntage kennt. Hier tritt das Haiku auf mit seinen oft tiefgründigen Naturbeobachtungen, die seerosenteichgleich eine innere Befindlichkeit spiegeln können, bevor der Vers das Gefestigte wieder freigibt.

Es entfaltete sich eine angeregte Diskussion um die Frage, ob es der japanischen Haiku-Tradition um das Bewahren eines Inhaltes, einer Frage geht oder ob das Haiku dazu anleitet, sich zu öffnen für den Zeitenlauf, oder ob es mit Chronos bei den alten Griechen um das Stiften einer Ordnung geht.

Die Frage des Ordnens beschäftigt Cornel Köppel in der Haiku-Dichtung, und er stellte die These in die Runde, ob Haiku denn nicht mehr und nicht weniger seien als ein Aneinanderreihen von Fakten, ohne Wertung, ohne typografische Hierarchie und Struktur. Über diese Fragen zur Interpunktion, also der Frage, ob Haiku mit Marginalien oder Versalien einzurahmen sind, ob ein Punkt das Haiku schließen sollte oder ob dadurch dem Haiku seine Unvoreingenommenheit und sein Auslegungsspielraum genommen werden, gelangten die Poeten zum zweiten Thema des Tages in Bern: den politisch aktiven und kultur-orientierten Haiku.

Peter Rudolf stellte seinen neuesten Haiku-Gedichtband zu Sophie Scholl und der deutschen Widerstandsbewegung der „Weißen Rose" vor, der sich an die japanische Tradition anlehnt, über das Haiku den Atombombenabwurf von Hiroshima die Vergangenheit zu verarbeiten. Heftig post-kolonial und divers analysiert wurde dann das Haiku (Gérard Dumon, übersetzt aus dem Französischen):

Dorffest
Der Sohn ist gut angekommen
Bei den Weißen

Ruth Weber-Zeller ortet eine gewisse Ratlosigkeit, aber auch ein Überraschungselement in diesem Haiku, wozu Cornel Köppel die Meinung vertrat, das Haiku sei da, um der Überraschung eine Form zu geben und anzuregen. Nicht belehrend, wie zwei Teilnehmer einwarfen, soll das Haiku sein, sondern beobachtend, Erkenntnisse gewinnen und sich dabei auf eine lange Tradition an Erkennungszeichen stützen. Das Typische am Haiku sei eben das Schichten, eine Struktur aus mehreren, emotionalen, typografischen, analytischen Ebenen, eingeführt über einen Titel, ein Rätsel, das die letzte Zeile auflöst.

Flandrina von Salis' humorvolles Haiku weist auch die Diversität und Möglichkeiten auf, die dem Haiku innewohnen:

Auf dem Holzbänkchen
Eine Bierflasche
– Nach Gebrauch versetzt …

Nach einer Mittagspause überreichte Peter Rudolf einen Karteikasten mit Haiku-Fragmenten und lud ein, daraus acht Haiku zusammenzulegen: eine individuelle Projektarbeit mit anschließender Diskussion. So unterhaltsam die Gruppenübung war, so rasch wurde auch deutlich, wie weit der Weg zum guten Haiku ist.

Ein Haiku von Horst Ludwig kann hier eine Wegmarkierung sein:

Mein Töchterchen fragt,
was ein gutes Haiku sei:
Weiße Kirschblüten.

Das Üben (= selber Haiku schreiben) kam leider gar nicht zum Zug am Samstag in Bern. Zudem ging das Eigene-Gedichte-Vorlesen unter. Deshalb biete ich allen Mit-Lyrikern an: Schick mir deinen Text, deinen Dreizeiler, wenn du magst – ich werde versuchen, ihn behutsam anzuschauen und behutsam ein individuelles Feedback zu geben.

Quellen:
1. Flandrina von Salis: Mohnblüten, Abendländische Haiku, Vereinigung Oltner Bücherfreunde 1955
2. Gérard Dumon, in: Sommergras, Vierteljahresschrift der Deutschen Haiku-Gesellschaft, Nr. 109 Juni 2015, S. 43
3. Horst Ludwig, zitiert in: eXperimenta, Magazin für Literatur, Kunst und Gesellschaft, Nr. 03/2021 ‹Haiku›, S. 57.

Mitteilungen

Neuveröffentlichungen

1. Wolfgang Gründer: „Augenblicke, die nicht verblassen", Einblick in seine Haiku-Schreibpraxis. 12 x 19 cm, Paperback, 52 Seiten, ISBN: 978-3-949029-08-0, Rotkiefer Verlag

2. Gisela K. Wolf: „Noch schläft der Igel unterm Reisighaufen" Haiku zu allen Jahreszeiten, ergänzt um einige Tuschzeichnungen der Autorin, 12 x 19 cm, Hardcover, 84 Seiten. ISBN: 978-3-949029-06-6, Rotkiefer Verlag

3. Brigitte Weidner: Haiku-Heft 01 „Tuschzeichnungen gleich", 10,8 x 17 cm, 48 Seiten. ISBN: 978-3-949029-04-2, Rotkiefer Verlag

4. Evelin Schmidt: Haiku-Heft 02 „Weichgezeichnet", 10,8 x 17 cm, 48 Seiten. ISBN: 978-3-949029-07-3, Rotkiefer Verlag

5. Georges Hartmann: „Winterlinge", Gedankenflocken für ein Winter-Haiku-Seminar, Softcover, Fadenbindung, 12,5 cm x 19 cm, 64 Seiten, 9 Abbildungen (Schwarzweiß-Fotografie), farbiges Innencover, alle Seiten mit einem Foto grau hinterlegt, bon-say-verlag, 2021. Zu beziehen unter: info@bon-say.de

7. Gabriele Hartmann: „tango", hiq&wortspiel, Ringbindung, 21 cm x 10 cm, (quer), 108 Seiten, alle Texte mit dem Schriftzug tango grau hinterlegt, Cover, Innencover & Kapitelwechsel farbige Abbildungen, bon-say-verlag, 2021. Zu beziehen unter: info@bon-say.de

8. Gabriele Hartmann: „Rote Spinne", 7 Tanka, Origami-Booklet, A4 > A8, bon-say-verlag, 2021. Zu beziehen unter: info@bon-say.de

9. Anne Kerstin Hirsch: „Morgenrot», Haiku & Haiga, Hardcover, 17 x 17, 48 Seiten, ISBN: 978-3-54305-47-8, Verlag: Books on Demand

Mentoring

Für das **Haiku- und Haiga-Mentoring** stellt sich Claudia Brefeld zur Verfügung: claudia.brefeld@rub.de

Bernadette Duncan bietet Haiku-Mentoring via Zoom (Videokonferenz) an. Interessierte wenden sich bitte direkt an bernadette.duncan@outlook.com

Für das **Tanka-Mentoring** stellt sich Tony Böhle zur Verfügung: tonyboehle@web.de

Erratum

In SOMMERGRAS 133, Seite 74 wurden dem Titel sowie dem Anfang des Haibun von Bernadette Duncan irrtümlicherweise jeweils drei Punkte vorangestellt.

Coverbild

Das Bild für das Cover dieser Ausgabe kommt von Thomas Opfermann, geboren 1975 in Stolberg/Rheinland. Er verfasst neben seiner beruflichen Tätigkeit als Dozent (Betriebswirtschaftslehre/Literatur) Haiku und Kurzgeschichten, richtet literarische Workshops und Seminare aus und ist Redaktionsmitglied der Zeitschrift SOMMERGRAS.
Diverse Veröffentlichungen eigener Haiku und Kurzgeschichten in Anthologien sowie Herausgeber von literarischen Anthologien.

Impressum

Vierteljahresschrift der Deutschen Haiku-Gesellschaft
34. Jahrgang – September 2021 – Nummer 134

Herausgeber: Vorstand der DHG
                       Tel.: 040/460 95 479
                       E-Mail: info@deutschehaikugesellschaft.de

Redaktion: Horst-Oliver Buchholz, Eleonore Nickolay, Thomas Opfermann
Mitarbeit: Claudia Brefeld

Titelillustration: Thomas Opfermann
Covergestaltung: Stephanie Mattner

Lektorat   Gabriele Buschmann, Martina Khamphasith
Satz und Layout: Martina Khamphasith

Freie Mitarbeit erwünscht. Ihre Beiträge schicken Sie bitte per

E-Mail an: Horst-Oliver Buchholz, Eleonore Nickolay, Thomas Opfermann:
                       redaktion@deutschehaikugesellschaft.de

Post an: Petra Klingl, Wansdorfer Steig 17, 13587 Berlin

Über die Veröffentlichung der Beiträge entscheidet die Redaktion. Die Meinung unserer Autoren muss sich nicht immer mit der Meinung der Redaktion decken. Die Beiträge werden von uns sorgfältig geprüft, für die Richtigkeit, Vollständigkeit und Aktualität der Inhalte, insbesondere der fremdsprachlichen Texte, können wir jedoch keine Gewähr übernehmen.

In der Zeitschrift SOMMERGRAS wird (betrifft Beiträge der Redaktion) die männliche Form stets generisch gebraucht und bezieht folglich die weibliche Form mit ein.

Einsendeschluss
für die Haiku- und Tanka-Auswahl: 15. Oktober 2021
Redaktionsschluss: 20. Oktober 2021

Jahresabonnement Inland (inkl. Porto) 45 €
Jahresabonnement Ausland (inkl. Porto) 55 €
Einzelheftbezug Inland (inkl. Porto) 12 €
Einzelheftbezug Ausland (inkl. Porto) 14,50 €
Auslandsversand nur auf dem Land-/Seeweg.

Der Mitgliedsbeitrag beträgt 45 € im Jahr und beinhaltet die Lieferung der Zeitschrift (Inland inkl. Porto, Ausland + 10 € Porto).
Die finanzielle Unterstützung der DHG quittieren wir mit Spendenbescheinigungen.